Ralf Koss und Stefanie Kuhne

111 Orte im Bergischen Land, die man gesehen haben muss

Mit Fotografien von Michael Kolle und Ralf Koss

111

emons:

Bibliografische Information der Deutschen Nationalbibliothek
Die Deutsche Nationalbibliothek verzeichnet diese Publikation in der Deutschen Nationalbibliografie; detaillierte bibliografische Daten sind im Internet über http://dnb.d-nb.de abrufbar.

MIX
Papier aus verantwortungsvollen Quellen
FSC® C083411
FSC www.fsc.org

Gestaltung: Eva Kraskes, nach einem Konzept von Lübbeke | Naumann | Thoben
Kartografie: Eric Hahn
Druck und Bindung: CPI – Clausen & Bosse, Leck
Printed in Germany 2022
Erstausgabe 2012
ISBN 978-3-7408-1673-5
Aktualisierte Neuauflage April 2022

Vorwort

Bergisches Land – wo fängt das eigentlich an, und wo hört es auf? Das war die erste Frage, die sich stellte, als es um die Auswahl der 111 Orte ging, deren Geschichte wir erzählen wollten. Das Bergische Städtedreieck mit Wuppertal, Solingen und Remscheid, der Oberbergische Kreis im Umland von Köln, das Niederbergische rund um Mettmann sind klare Vorgaben. Wenn es aber an die Ränder der Region geht, im Rhein-Sieg-Kreis zum Beispiel, wird es schon etwas schwieriger.

Diese Frage haben wir also uns und Menschen, die im Bergischen leben, immer wieder gestellt, denn das Historische und die heutige Lebenswelt decken sich nicht unbedingt. Das ist nicht weiter erstaunlich, denn auch Düsseldorf gehörte schließlich – vor sehr langer Zeit – zum Großherzogtum Berg, aber kaum ein Düsseldorfer wird sich »bergisch« fühlen.

Bei den Streifzügen durch die Kreise und Städte fanden wir für dieses große Gebiet immer wieder verbindende Themen jenseits des historischen Bezugs. Wälder, die vielen Flüsse, Teiche und Talsperren machen das Bergische Land zum Naherholungsgebiet. Der Abbau von Rohstoffen verschiedener Arten hat das Gesicht dieser Region geprägt, sowohl die Landstriche und Natur als auch die Bebauung.

Man hält hier ein Geschichtenbuch in der Hand, kein Geschichtsbuch. Dazu haben viele etwas beigetragen, darunter auch die Hörer des lokalen Radiosenders Radio Berg, genau wie Heimatforscher, Tourismusbeauftragte der Kommunen, Menschen, die Interesse an und Wissen über die Region haben.

Wir haben 111 Orte gefunden, die uns begeisterten und mit denen die Vielfalt dieser Region erfahrbar wird. Mit unseren 111 Orten wollen wir neugierig machen und die Leser erstaunen, die am Ende das Bergische Land vielleicht mit neuen Augen sehen werden. So wie wir auch.

111 Orte

MACHTEN

Skigebiet-Lift
Wendershagen 3 km
Loipe

1 Die Grube Cox

Abbau und Aufbau

Bei der Suche nach dem geografischen Mittelpunkt von Bergisch Gladbach wird man im Waldgebiet bei der Grube Cox fündig. Nach dem Zusammenschluss mit Bensberg und Schildgen durch die Kommunalreform 1975 wurde eine Zeit lang sogar daran gedacht, dort ein neues Zentrum der entstandenen Stadt zu schaffen. Der Architekt Gottfried Böhm, der damals schon das Bensberger Rathaus gebaut hatte, arbeitete dafür bereits Pläne aus. Heute sind die Einwohner wahrscheinlich froh, dass nichts daraus geworden ist. Ein Naturschutzgebiet mit hohem Freizeitwert ist dort entstanden, wo einige Jahre lang Dolomit abgebaut wurde.

Die Grube Cox hatte keine lange Geschichte. Erst 1969 wurde auch dort der hochwertige eisenarme Dolomit entdeckt, der etwa in den Glaswerken von Porz zu Spiegelglas verarbeitet wurde oder beim seinerzeit größten Autoscheibenzulieferer Verwendung fand. Als der Tagebau 1985 eingestellt wurde, siedelten sich schnell seltene Tier- und Pflanzenarten an, sodass vom Plan der Verfüllung Abstand genommen wurde. Der Mensch hat heute zu den neu entstandenen Lebensräumen eigentlich nur Zutritt auf markierten Wanderwegen, was vor allem in den Sommermonaten zum Nachteil des Naturschutzes nicht immer beachtet wird.

Der Neuanfang für die Natur war mit der Schließung des Unternehmens Cox gleichzeitig das Ende regionaler Industriegeschichte. 1852 hatten die Tuch- und Kalksteinhändler Jakob Cox und sein Sohn August begonnen, in Gladbach Kalk zu brennen. Mit drei Öfen trug das Unternehmen zum Umsatz des wichtigsten Wirtschaftszweigs der Stadt bei. Bei dem abgebauten Kalkstein handelte es sich um Reste eines Korallenriffs, das im Mitteldevon vor rund 350 Millionen Jahren entstanden war. Ab den 1930er Jahren begann zudem der Dolomitabbau, der nach dem Ende der Kalkbrennerei Anfang der 1950er Jahre das Überleben des Unternehmens sicherte. Bis zur Schließung der Grube Cox.

Adresse Gladbacher Straße, Ecke Berzeliusstraße, 51429 Bergisch Gladbach-Bensberg | **ÖPNV** Busse 227, 423 und 455, Haltestelle An den Braken | **Pkw** A 4, Ausfahrt Bensberg, Richtung Bergisch Gladbach rechts abbiegen auf Frankenforster Straße, nach circa 2,5 Kilometern links abbiegen auf Buddestraße, die in Gladbacher Straße übergeht | **Tipp** Als letzte Zeugnisse der Kalkindustrie in Bergisch Gladbach befinden sich zwei Kalköfen des Unternehmens Cox an der Johann-Wilhelm-Lindlar-Straße nahe dem S-Bahnhof.

2 Die Kopfsteinpflaster-Passage

Sportlich und repräsentativ

Für etwa 100 Meter brauchen selbst Fußgänger keine lange Zeit, geschweige denn Radrennfahrer, selbst wenn diese 100 Meter mit einem Anstieg hoch zum Bensberger Schloss verbunden sind. Dennoch ist dieser Anstieg nicht ohne. Kopfsteinpflaster rüttelt die Fahrer durch, und Regen kann es glitschig machen. Im Pulk wird das dann manchmal unangenehm. Dank der Bensberger Kopfsteinpflaster-Passage verströmt das Radrennen »Rund um Köln« für eine kurze Zeit die Atmosphäre des Rad-Klassikers Paris–Roubaix, der Kopfsteinpflaster-Hölle des Nordens. Vielleicht finden sich ostermontags die Zuschauer auch deshalb abseits des Ziels in so großer Zahl ein.

An diesem Tag wird sogar das Schloss gern übersehen – trotz seiner hellen Fassade und der barocken Türme und Türmchen. Auch die Gäste kommen erst später ins heute dort residierende Gourmet-Restaurant und die Lounge des Grandhotels in dem Anwesen. Einst diente es Jan Wellem als Jagdschloss, später war es Lazarett und Apotheke, dann Kadettenanstalt, Kaserne oder Nationalpolitische Erziehungsanstalt der Nationalsozialisten. Sogar ein belgisches Gymnasium fand in ihm zwischen 1965 und 1999 seinen Platz.

Ob die radsportverrückten Belgier die Nähe zum Ein-Tages-Radrennen »Rund um Köln« schätzten, wissen wir nicht. Die Möglichkeit hätte es gegeben, denn seit 1908 werden mal mehr die Profis, mal mehr die Amateure vom zweitältesten noch ausgerichteten deutschen Straßenrennen angezogen. Die ganz großen Zeiten waren vor allem die 1920er Jahre, als etwa der fünffache Gewinner des Giro d'Italia, Alfredo Binda, siegte. Schlagzeilen machte es auch 2003, als Jan Ullrich nach erster Dopingsperre beim Comeback erfolgreich war. Über internationale Bekanntheit verfügt das Sportereignis heute weniger, auf den Siegerlisten dominieren deutsche Namen. Für Zuschauer und Sportler kein Grund, dem Spektakel fernzubleiben.

Adresse Schloßstraße 9, 51429 Bergisch Gladbach | **ÖPNV** Straßenbahn 1, Haltestelle Bensberg | **Pkw** A 4, Ausfahrt Moitzfeld, Richtung Bensberg Mitte, an nächster großer Ampelkreuzung rechts, an der nachfolgenden Ampel links | **Tipp** Das Mediterana bietet neben der Möglichkeit zum Schwimmen in unterschiedlich temperierten Schwimmbädern auch vielfältige Sauna- und Wellnesserlebnisse.

3 Die BELKAW-Arena

Von namenlosen Zeiten des Erfolgs

Für dieses Stadion wurde 2005 zugunsten des SV Bergisch Gladbach 09 das Namensrecht vergeben, und wie so oft im Fußball der Gegenwart sind es städtische Gesellschaften, die als Geldgeber einspringen. In Bergisch Gladbach ist es der lokale Energie- und Wasserversorger, damit die erste Mannschaft nunmehr in der Regionalliga West konkurrenzfähig bleibt. Wer sich da an die größten Zeiten dieses Stadions erinnern will, muss Fußballarchäologie betreiben und sich das namenlose, etwas anders aussehende Kreisstadion an selber Stelle vorstellen.

Einmal, 1979, war das sogar ausverkauft. Die 12.000 Zuschauer wollten keine Männermannschaft sehen, sondern die Frauenmannschaft des SSG 09 Bergisch Gladbach, wie der Verein noch hieß – seinerzeit eine Art Bayern München des sogenannten Damenfußballs. Erst ab 1970 hatte der DFB seinen Vereinen den Frauenfußball erlaubt. Was Frauen nie davon abgehalten hatte, Fußball zu spielen – in »wilden« Mannschaften organisiert.

»Monique« hatten die Fußballerinnen ihr Team genannt, ehe sie sich dem Verein in den 1970er Jahren anschlossen. Als dann dic Mittelfeldspielerin Anne Trabant dazukam, ließen die Erfolge nicht auf sich warten. Mit ihr als Spielertrainerin und Hans Gronewold als Abteilungsleiter wurde die Damenmannschaft der SSG 09 bis 1989 neunmal Deutscher Meister, dreimal Pokalsieger und zweimal Weltcupsieger. Dieser Weltcup war eigentlich eine inoffizielle Weltmeisterschaft für Nationalmannschaften. Weil beim DFB bis dahin aber niemand an ein Frauen-Nationalteam gedacht hatte, nahmen auf dessen Bitte die Frauen der SSG 09 teil.

Als die Titel nicht mehr wie am Fließband eingefahren wurden, ließ die Unterstützung durch den Verein nach. Vielleicht bedingte das eine das andere auch umgekehrt. 1998 verließ jedenfalls die Frauenabteilung den Verein und wechselte geschlossen zum TuS Köln rrh. Die großen Zeiten kamen nicht mehr wieder.

Adresse Paffrather Straße 133, 51465 Bergisch Gladbach-Stadtmitte | **ÖPNV** S-Bahn S11, Bahnhof Bergisch Gladbach, 10 Minuten Fußweg, oder Bus 227, Haltestelle BELKAW-Arena | **Pkw** A 3, Ausfahrt Dellbrück, auf B 506 Richtung Bergisch Gladbach circa 6,7 Kilometer fahren, dann rechts abbiegen auf Paffrather Straße | **Öffnungszeiten** je nach Spielplan | **Tipp** In Bensberg gibt das Bergische Museum für Bergbau, Handwerk und Gewerbe seit der Gründung 1929 als erstes Museum im Kreis Mülheim einen Einblick in die Lebensweisen und den beruflichen Alltag der Region.

4 Das Kindergartenmuseum

Verwahren oder bilden

Meinungen, wie Kinder am besten groß werden, spiegeln immer die Hoffnungen und Sorgen der jeweiligen Zeit, oft zudem die Wünsche der Erwachsenen für das eigene Leben. So vernachlässigen Diskussionen um die Kinderbetreuung immer wieder neu und gleichbleibend die eigentliche Frage: Wie hilft man Kindern wo bei ihrer Entwicklung? Da ist ein dem Kindergarten gewidmetes Museum ein guter Ort, um Fallstricke und Möglichkeiten im Umgang mit dem Nachwuchs bewusst zu machen.

Grundlage der 2005 eröffneten Sammlung wurde eine Ende der 1980er Jahre in elf deutschen Städten gezeigte Ausstellung zur »Geschichte des Kindergartens in Deutschland«. Hinzu kamen eine typische Kindergarteneinrichtung der 1970er Jahre und natürlich all das, mit dem sich Kinder durch die Zeiten beschäftigt haben. Ausstellungsstücke wie Spiele, Kinderbücher und historische Sammelstücke rund um das Aufwachsen von Kindern machen die Grenze zu Museen mit anderen thematischen Schwerpunkten fließend. Spezifischer wird es bei der Geschichte der Ausbildung und jenem Raum, der den Pädagogen wie Friedrich Fröbel, Rudolf Steiner und Maria Montessori gewidmet ist.

Auch wenn es Friedrich Fröbel war, der den Begriff Kindergarten im Jahr 1840 prägte, in Detmold richtete die Fürstin Pauline zur Lippe-Detmold bereits 1802 eine »Aufbewahrungs-Anstalt für kleine Kinder« ein.

Heute würde man sie sozial engagiert nennen. Die in Deutschland erfolgreiche Bewegung zur bildenden Betreuung von Vorschulkindern fand Nachahmung in der ganzen Welt. Das Konzept war so neu und gleichzeitig von so großer Überzeugungskraft, dass der Name in andere Sprachen gleich mit übernommen wurde. »The kindergarten« wurde im Englischen zum sprichwörtlichen Beispiel für die andere, hellere Seite Deutschlands, aus dessen Sprache gern auch das übernommene »Blitzkrieg« zitiert wird.

Adresse Quirlsberg 1, 51465 Bergisch Gladbach-Stadtmitte | ÖPNV Busse 436 und 453, Haltestelle Markt, dann circa 10 Minuten Fußweg | Pkw A 3, Ausfahrt Dellbrück, auf B 506 Richtung Bergisch Gladbach circa 4 Kilometer fahren, dann rechts halten, weiter auf Bergisch Gladbacher Straße; Straßenverlauf als L 286 3,7 Kilometer folgen, dann rechts abbiegen auf Quirlsberg | Öffnungszeiten Di 10–13 Uhr und nach Vereinbarung, Tel. 02202/243640 | Tipp Im Ortsteil Katterbach zeigt das Schulmuseum im historischen Klassenzimmer und weiteren Ausstellungsräumen die Geschichte der Volksschule und des Lehrerberufs im Bergischen Land.

5__Die Villa Zanders

Vom Wohnwohlstand durch Papier zur Kunst

Der Name Zanders stand jahrzehntelang weltweit für die Produktion von Papier. Heute gehört die ehemalige Fabrik des Unternehmens zu Deutschlands größtem Papiermuseum, das die Papierherstellung in allen Spielarten zeigt: vom handgeschöpften Einzelstück über die Manufaktur bis hin zur industrialisierten Fertigung. Die Anfänge des Großunternehmens gehen auf die Schnabelsmühle am Strunderbach zurück, wo die Papierfabrikation bereits 1582 erlaubt war und der Düsseldorfer Forstbeamte Johann Wilhelm Zanders diese 1829 allein übernahm. Die nachfolgenden Generationen bauten das Unternehmen weiter aus. Der Markt in Deutschland wurde zu klein. Papier von Zanders ging in die ganze Welt.

Solch erfolgreiche Unternehmerfamilien hinterlassen in ihren Heimatstädten viele Spuren. Im Falle der Zanders war das auch das Stadthaus, das in einer kleinen Parkanlage und zentral an der Hauptstraße in den 1870er Jahren erbaut wurde. Neoklassizistisch, palastähnlich, vom bekannten Architekten Hermann Otto Pflaume aus Köln entworfen – all das wird damals den nötigen Eindruck gemacht und den Einfluss der Familie unterstrichen haben. Dem von Geschmack geprägten Design der damaligen Zeit begegnet man etwa immer noch im Roten Salon, den gegen 1910 eine renommierte Kölner Möbelschreinerei im Louis-seize-Stil gestaltete.

1932 übernahm der damalige Rheinisch-Bergische Kreis die Villa, später wurde die Stadt Bergisch Gladbach deren Besitzer. So wird in deren Verantwortung seit 1986 dort Kunst gezeigt. Prominente Namen sind in der Städtischen Galerie Villa Zanders allerdings nur wenige vertreten.

Gerade deshalb wird der Blick frei, und die Kunstwerke ermöglichen eigenständige Erfahrungen. Dem Realismus der Düsseldorfer Malerschule des 19. Jahrhunderts begegnet man dabei genauso wie in den Wechselausstellungen abstrakten Grafiken und Gemälden der zeitgenössischen Kunst.

Adresse Konrad-Adenauer-Platz 8, 51465 Bergisch Gladbach-Stadtmitte | ÖPNV Bus 227, Haltestelle Markt | Pkw A 3, Ausfahrt Dellbrück, auf B 506 Richtung Bergisch Gladbach circa 4 Kilometer fahren, dann rechts halten, weiter auf L 286/Bergisch Gladbacher Straße, Straßenverlauf 3,8 Kilometer folgen; L 286, Teilstück An der Gohrsmühle, führt am Konrad-Adenauer-Platz vorbei | Öffnungszeiten Di, Fr 14–18 Uhr, Mi, Sa 10–18 Uhr, Do 14–20 Uhr, Sonn- und Feiertage 11–18 Uhr und nach Vereinbarung | Tipp Im Osten von Bergisch Gladbach befindet sich im Strundetal in der Papiermühle Alte Dombach und der benachbarten Papiermaschinenhalle das Museum zur Herstellung und Geschichte von Papier.

6 Die Quelle an der Kreuzkirche

Wundersames Heilen mit Plastikflaschen

Etwas zurückgesetzt von der Straße liegt das Gelände der evangelischen Kreuzkirche. Neben dieser befindet sich ein Fachwerkhaus, in dem man den Küster antreffen kann. Geht man ein Stück weiter den Hügel hinauf, führen wenige Stufen zu einer zunächst unscheinbaren Bruchsteinmauer. Dort fließt Wasser in eine kleine Brunneneinfassung. Es ist eine Quelle, der Heilkräfte nachgesagt werden. Noch nie versiegt sei sie seit ihrem Auffinden, sagt man, und es gebe Berichte von Menschen, denen das Wasser auf wundersame Weise geholfen habe. So vage bleiben die Heilungsgeschichten in der Gegenwart, und es macht den Anschein, als ob nach den Jahrhunderten sich keiner mehr so recht für das Weitererzählen konkreterer Erfahrungen in größerer Öffentlichkeit verantwortlich fühlt. Dennoch hielt selbst das für einige Zeit aufgestellte Schild »Kein Trinkwasser« niemanden ab, die Heilkraft selbst auszuprobieren. Viele Besucher kosten das Quellwasser weiterhin oder füllen es als Vorrat sogar in mitgebrachte Plastikflaschen ab.

Es überrascht auch nicht, dass es für die Legende um die vermutlich Anfang des 12. Jahrhunderts begründete Dorfkirche ebenfalls keinen gegenständlichen Anhalt in der Kirche gibt. Ein Kreuzfahrer soll hier einen Splitter vom Kreuz Christi hinterlegt haben, der in die Kirchmauern eingefasst worden sei – wo genau, weiß man nicht. Dieser Reliquie wurden ebenfalls wundertätige Kräfte nachgesagt, die aus dem Gelände einen Wallfahrtsort werden ließen. Wieder deutlich sichtbar sind aber jene Wandmalereien, die den Bau zu einer der »Bonten Kerken« machen. In den Freskoarbeiten aus dem 15. Jahrhundert spiegelt sich der besondere Bezug der Kirche zu ihrer Kreuzreliquie wider. Da die Malereien im Zuge der Reformation vollkommen überdeckt wurden, blieben sie rund 300 Jahre verborgen. Erst eine Restaurierung in den 1960er Jahren brachte sie zum Vorschein.

Adresse Martin-Luther-Straße 1, 51702 Bergneustadt-Wiedenest | **ÖPNV** Bus 301, Haltestelle Forum Wiedenest | **Pkw** A 4, Ausfahrt Reichshof/Bergneustadt, B 256 Richtung Bergneustadt, im Kreisverkehr 1. Ausfahrt (Kölner Straße/B 55), rechts abbiegen auf Martin-Luther-Straße | **Öffnungszeiten** Kirche 9–18 Uhr; nach Absprache Führungen, kontakt@kirche-wiedenest.de | **Tipp** Das Heimatmuseum Bergneustadt ist in einem Fachwerkhaus in der historischen Altstadt angesiedelt. Auch Führungen durch die Altstadt werden dort angeboten.

7 Der Kirchturm von St. Laurentius

Wenn klassische Moderne auf Neogotik aufbaut

Der Weg über die L 291 nach Burscheid bietet eine kirchenbauliche Überraschung, die nicht nach jedermanns Geschmack ist. Zunächst rückt dort der Turm von St. Laurentius in den Blick, mit einer Dachhaube, die sich trichterförmig in den Turm zu schieben scheint und von einer stilisierten Spitze aus Stahlstreben gekrönt wird. Einen modernen Kirchenbau aus einer Zeit architektonischen Ausprobierens vermuten Neulinge in Burscheid schnell. Doch gleich darauf verblüfft das sichtbar werdende Kirchenschiff mit seinem neogotischen Baustil. Wer später den Kirchturm von Nahem betrachtet, erkennt an den deutlich unterscheidbaren Ziegelreihen oberhalb vom Eingangsportal, was der Blick von fern vermuten lässt. Zwischen dem Bau des Kirchenschiffs und dem des Turms sind Jahrzehnte vergangen.

Der Bau einer Kirche war für die Katholiken Burscheids spätestens ab 1889 keine Frage mehr. Damals war die Gemeinde zur selbstständigen Pfarrei erhoben worden, nachdem schon ab 1860 in einer Notkirche Gottesdienste stattgefunden hatten. Seit der Reformation hatte es in Burscheid bis dahin nur evangelische Gemeinden gegeben. Erst die Industrialisierung ließ Katholiken auf der Suche nach Arbeit in die Stadt kommen.

Mit den Plänen zum Kirchenbau waren die Architekten Carl Rüdell und Richard Odenthal beauftragt. Die katholische Gemeinde finanzierte den Bau selbst, und man musste schließlich dort sparen, wo es dem Gottesdienst am wenigsten abträglich ist – beim Turmbau. Die Vollendung des nur im Erdgeschoss errichteten Turms verantwortete ab 1959 der Architekt Bernhard Rotterdam. Er schuf jenen baulichen Kontrast, der im gegenwärtigen Zeitgeist des historisierenden Wiederauf- und Weiterbaus nicht mehr selbstverständlich ist. So wirkt der architektonische Geschmack der Pfarrgemeinde im Burscheid der 1960er Jahre heute geradezu experimentell und wagemutig.

Adresse Altenberger Straße 3, 51399 Burscheid | **ÖPNV** Bus 239/240, Haltestelle Goetzewerk | **Pkw** A 1, Ausfahrt Burscheid, weiter auf L 291/Höhestraße Richtung Burscheid fahren, nach circa 500 Metern befindet sich die Kirche auf der linken Seite | **Öffnungszeiten** tagsüber geöffnet | **Tipp** Wenige Meter weiter auf der Höhestraße, Ecke Hauptstraße befindet sich Deutschlands einziger Wallace-Brunnen, ein Brunnentyp, der sonst vor allem in Paris zu finden ist. (Siehe auch: 111 Orte im Kölner Umland, die man gesehen haben muss.)

8 Die Villa Goetze

Wohnen, helfen und verwalten

Eine große Tanne und einige Büsche behindern den Blick auf das herrschaftliche Gebäude von 1900 etwas, das auf dem Werksgelände von Federal-Mogul steht. Einst hieß dieses Unternehmen Goetze AG, benannt nach dessen Gründer Friedrich Goetze, der die großbürgerliche Villa mit seiner Familie bewohnte.

Das Haus steht sinnbildlich für Burscheids Wirtschaftshistorie. Waren es zunächst vor allem Textilfabrikanten, die Burscheid Wohlstand brachten, verstärkte sich mit der Entwicklung eines Kupfer-Asbest-Dichtungsrings durch den 1856 geborenen Friedrich Goetze der Einfluss der metallverarbeitenden Industrie auf die Stadt. In der Textilfabrik Urbahn & Kotthaus hatte Goetze sich in den 1880er Jahren mit den mangelhaften Dichtungsringen der vorhandenen Gasturbine nicht begnügt. Mit tüftelndem Ehrgeiz entwickelte der Maschinenschlosser Kolbendichtungsringe weiter, um sie später im eigenen Unternehmen zu fertigen. Der Bau der repräsentativen Villa war das sichtbare Zeichen, dass aus dem Handwerker ein erfolgreicher Unternehmer geworden war.

Veränderte Zeiten deuteten sich an, als nachfolgende Goetze-Generationen die Villa nicht mehr bewohnten und aus ihr das medizinische Zentrum des Unternehmens wurde, in dem es über Jahre das einzige Röntgengerät Burscheids gab. Später wurde im Obergeschoss eine Bibliothek für Werksangehörige eingerichtet. Noch in den 1960er Jahren folgte diese weitreichende soziale Verantwortung des Unternehmens gegenüber der Belegschaft dem patriarchalischen Ethos der Gründerzeit. Als Ende der 1980er Jahre bei einem ersten Verkauf das Familien- zum englischen T&N-Konzernunternehmen wurde, bedeutete das zugleich die Beschränkung auf das Kerngeschäft der Produktion. Soziale Verantwortung hieß nun das Erfüllen von Tarifverträgen. Heute, unter amerikanischer Leitung, befinden sich in der Villa Büros, ein Raum für Fitness ist aber auch dabei.

Adresse Bürgermeister-Schmidt-Straße 17, 51399 Burscheid | **ÖPNV** Bus 239/240, Haltestelle Goetzewerk | **Pkw** A1, Ausfahrt Burscheid, weiter auf L 291/Höhestraße Richtung Burscheid fahren, nach circa 1.100 Metern links abbiegen in Bürgermeister-Schmidt-Straße, wo sich die Villa links auf dem Werksgelände befindet | **Öffnungszeiten** Einen »Tag der offenen Tür« veranstaltet Federal-Mogul in unregelmäßigem Abstand, sonst nur von außerhalb des Geländes zu betrachten. | **Tipp** In einem Nebengebäude der Thielenmühle, heute ein Wohnhaus, richtete Friedrich Goetze seine erste Werkstatt ein. Die Lambertsmühle im Wiehbachtal lässt sich auf Anfrage besichtigen. Eine Ausstellung zeigt den »Weg vom Korn zum Brot«.

9 Der Oldtimer-Treff

Höchstens zu jung und nie zu alt

Die Gleise der Bahnstrecke Wuppertal-Oberbarmen – Opladen sind längst abmontiert. Dafür haben am ehemaligen Bahnhof Hilgen nun die Radfahrer auf der sogenannten Balkantrasse (siehe Seite 66) entferntere Reiseziele. Das Bahnhofsgebäude allerdings steht noch, und auch der vor Bahnhöfen übliche große Platz ist unbebaut. Eine Tatsache, die ein paar Jahre zuvor jener Runde Männer sehr gelegen kam, die sich für alte Autos begeisterte.

Im Jahr 2000 muss es etwa gewesen sein, als die Herren in der damals noch geöffneten Bahnhofsgaststätte auf die Idee kamen, über die ihnen im Ort bekannten Oldtimer hinaus alte Autos und deren Besitzer kennenzulernen. Gesagt, getan. Vor dem Bahnhof gab es Platz genug für das erste Oldtimer-Treffen Hilgen. Mit einem Inserat in der lokalen Zeitung wurde es angekündigt, und das Ergebnis übertraf die Erwartungen. Um die 25 Oldtimer wurden vorgefahren und der sonntägliche Treff daraufhin regelmäßig verabredet.

Die Mischung aus Freiluft-Auto-Salon, Stammtisch und Kontaktbörse kam an und sprach sich herum. Heute kommen bei gutem Wetter schon mal an die 300 Oldtimer und ebenso viele alte Motorräder. Da steht dann der 60er-Jahre-VW-Bulli neben dem Opel Kadett aus den 1970ern, und die Heckflossen eines alten Cadillac blitzen neben den Rundungen einer DS von Citroën. Das Prozedere ist einfach: kommen, parken, gucken und reden. Immer noch leben die Treffen von der spontanen Atmosphäre, auch wenn bei großem Andrang inzwischen ebenso spontane ordnende Hilfe nötig ist. Die Autos der Gegenwart bleiben draußen. Bei Youngtimern wird je nach Modell entschieden.

Ab 13 Uhr herrscht Aufbruchstimmung. Für die meisten Besucher gibt es neben der Auto-Wallfahrt nämlich auch die Talsperren, den Kuchen im idyllisch gelegenen Café oder den Wald für den Spaziergang. In der Hinsicht zeigen sich Oldtimer-Fans fast immer auch als solche des Bergischen Landes.

Adresse Bahnhofstraße 1, 51399 Burscheid-Hilgen | ÖPNV Busse 239/240 und 260, Haltestelle Burscheid Bahnhofstraße | Pkw A 1, Ausfahrt Burscheid, Richtung Altenberg auf B 51 circa 2,7 Kilometer fahren, dann rechts abbiegen auf Bahnhofstraße. Ohne Oldtimer Parkmöglichkeit nur an der B 51! | Öffnungszeiten bei gutem Wetter von etwa Ende März/Anfang April bis Ende Sept. So etwa 10–13 Uhr | Tipp In der Nähe befindet sich der mittlere Teil des Eifgenbachtals als Ziel für eine kleine Wanderung.

10 Das Union-Gestüt

Ein Hauch vom Kaiserreich

Wer von Eitorf nach Hennef entlang der Sieg wandert, passiert weitläufige Wiesen. Auf diesen rund 80 Hektar Land weiden wertvolle Züchtungen – Vollblutpferde, wie sie schon Otto von Bismarck als Mitglied vom Union-Klub schätzte. Die 1867 in Berlin gegründete Pferdezucht-Vereinigung verfolgte unter anderem das Ziel, die Vollblutzucht in Deutschland zu etablieren und damit von englischen Züchtungen unabhängig zu werden. Als Ableger des Union-Klubs wurde das hiesige Gestüt 1960 gegründet.

Damals hatten Mitglieder beschlossen, dass der Union-Klub endlich wieder mit der Pferdezucht beginnen solle, nachdem es im geteilten Berlin dazu keine Möglichkeit mehr gab. Ein Gestüt hatte der Klub dort einst besessen, ebenso wie die Galopprennbahn Hoppegarten und sogar eine Pferdeklinik. Doch kurz nach dem Zweiten Weltkrieg war das 440 Hektar große Gelände mit 18 Kilometer langen Trainingsbahnen enteignet worden und in den Besitz der VEB Vollblutrennbahnen der DDR übergegangen.

Dass das neue Gestüt in Merten seinen Platz fand, liegt sowohl an den vorhandenen Weidemöglichkeiten durch die Bodenbeschaffenheit als auch an den günstigen klimatischen Verhältnissen in der Region. Das nahe Köln mit seiner Galopprennbahn spielte wohl auch eine Rolle. Schon seit 1995 befindet sich das Gestüt aber nun in Privatbesitz. In den Jahren nach der Deutschen Wiedervereinigung dachten die Verantwortlichen im Union-Klub noch daran, mit dem Betrieb der Galopprennbahn Hoppegarten an alte Zeiten anzuknüpfen. Das Ergebnis war die Insolvenz des Klubs im Jahr 2005.

Das Mertener Unions-Gestüt berührte das nicht mehr. Der Name ist geblieben an einem Ort, den auch Spaziergänger und Wanderer zu schätzen wissen. Die Sieg ist an dieser Stelle ökologisch besonders wertvoll. Zahlreiche seltene Pflanzen und Tiere finden sich hier, sodass inzwischen zwei Naturschutzgebiete eingerichtet wurden.

Adresse Klosterweg, 53783 Eitorf-Merten (Der Klosterweg führt entlang der Pferdekoppeln, welche direkt an der Sieg liegen.) | **ÖPNV** S-Bahn S12, Haltestelle S-Bahnhof Merten (Sieg) | **Pkw** A560 Richtung Hennef bis Autobahn in B8 übergeht, dann links auf Europaring/L333 abbiegen und rund 9 Kilometer folgen, links auf die Hennefer Straße Richtung Merten, nach Überquerung der Sieg links auf Klosterweg | **Tipp** Am besten lässt sich das »Naturerlebnis Sieg« vom Wasser aus – im Kanu – erfahren. Kanuverleiher gibt es zum Beispiel in Eitorf.

11 Die Villa Braunswerth

Konfliktreiche Familiengeschichten

Die Fassade der großen, wenn auch eher schlicht gehaltenen Unternehmervilla am Rand von Engelskirchen wird von klassizistischer Form und klaren Linien geprägt. Mit deutlichen Erwartungen an die Familie wurde sie im Jahr 1855 von Friedrich Engels gebaut, dem Wuppertaler Fabrikanten der Textilindustrie. Man muss es betonen, dieser Engels war der Vater des später als Philosoph und Marx-Freund in die Geschichte eingegangenen Friedrich Engels junior.

Vater Engels hatte vor Ort schon im Jahr 1837 mit einem englischen Teilhaber das Unternehmen Ermen & Engels, eine Baumwollspinnerei, gegründet. Die Wahl des Standortes erklärt sich wohl damit, dass Engels hier großes Potenzial sah: In der ärmlichen Region konnte er viele Arbeiter gewinnen und in gewisser Weise »formen«. Der Vater von neun Kindern war, so scheint es, ein strenger, pietistischer Patriarch. Die Bedingungen in der Fabrik müssen hart gewesen sein. Ihr Inhaber scheute sich nicht, Zwölf-Stunden-Schichten anzusetzen, Arbeit an Sonn- und Feiertagen zu verlangen und Kinder arbeiten zu lassen, um das Unternehmen zu seinem unbestrittenen Erfolg zu führen.

Als Engels senior seine Villa baute, hatte er sich längst mit seinem ältesten Sohn überworfen. Friedrich Engels junior kritisierte die Zustände in der Fabrik und den Umgang mit der Arbeiterschaft insgesamt. In den Bauplänen waren somit nur für die beiden Söhne Räumlichkeiten vorgesehen, die auch die Nachfolge des Vaters antreten würden: Emil und Hermann. Friedrich junior, der offen gegen seinen Vater revoltierte, erhielt eine Auszahlung und blieb unberücksichtigt.

Die Firma Ermen & Engels war bis ins 20. Jahrhundert Arbeitgeber in der Region. Die übergreifende Textilkrise machte jedoch auch vor ihr nicht halt: 1979 musste das Unternehmen schließen. In der Villa ist heute der Platz für ganz anderes: den Bergischen Abfallwirtschaftsverband.

Adresse Braunswerth 1, 51766 Engelskirchen | **ÖPNV** Regionalbahn RB 1582 bis Engelskirchen Bahnhof | **Pkw** A 4, Ausfahrt Overath, Kölner Straße/B 55, über zwei Kreisverkehre hinweg, rechts abbiegen auf Braunswerth | **Öffnungszeiten** nur von außen | **Tipp** Im LVR-Industriemuseum in der früheren Baumwollspinnerei kann man unter anderem eines der ersten Elektrizitätswerke der Region besichtigen.

12 Der Oelchenshammer

Von früher Eisenverarbeitung

Als im Ruhrgebiet die Menschen noch fast ausschließlich von der Landwirtschaft lebten, war das Bergische Land ein Zentrum europäischer Eisenherstellung und -verarbeitung. In kleinen Handwerksbetrieben wurde die Wasserkraft der vielen Bäche und Flüsse der Region genutzt, um zu schmieden, zu hämmern oder zu schleifen. Der Oelchenshammer in Engelskirchen gehörte zwar nicht zu den ersten eisenverarbeitenden Werkstätten, inzwischen ist er aber der letzte mit Wasserkraft betriebene funktionsfähige Schmiedehammer der Region.

Oelchen ist die Verkleinerungsform von Ohl und umschreibt eine sumpfige, nasse Stelle. Die sprachlichen Wurzeln sind dieselben wie für den Begriff Aue. Seit 1787 nutzt der Oelchenshammer die Wasserkraft des Flüsschens Leppe. Bänder, mit denen Holzfässer zusammengehalten wurden, schmiedete man hier. Erstmals war es nämlich im späten 18. Jahrhundert möglich, besonders elastisches und belastbares Material zu verarbeiten. Als die Firma Eduard Dörrenberg Söhne 1860 den Betrieb kaufte, wurde die Fertigung verbessert, und von da an war der »Janus-Stahl« auf dem Markt. Dauerhaft scharfe Werkzeuge und Messer wurden daraus gemacht. Das Produktionsverfahren und die Erzeugnisse retteten den Oelchenshammer – allen Krisen zum Trotz – bis hinüber in die 1940er Jahre. Danach musste die Produktionsstätte endgültig schließen.

Dank des LVR-Industriemuseums und vieler ehrenamtlicher Helfer erhält man heute wieder einen lebensnahen Eindruck vom hiesigen Arbeiten in früheren Jahrhunderten. Dann riecht die Luft nach Rauch vom offenen Feuer, und das Wehr wird regelmäßig geöffnet. Das einschießende Wasser setzt die Wasserräder in Gang, die wiederum die Schmiedehämmer bewegen. Deren Klang ist schon von Weitem zu hören, während die Schmiede die einzelnen Lagen des Roheisens zu einer Einheit in beeindruckend genauen Maßen formen.

Adresse Oelchensweg, 51766 Engelskirchen-Bickenbach | ÖPNV Busse 332 und 333, Haltestelle Madonna, circa 6 Minuten Fußweg, oder Bus 308, Haltestelle Bickenbach, circa 12 Minuten Fußweg | Pkw A 4, Ausfahrt Engelskirchen, Richtung Marienheide fahren. Der Oelchenshammer ist vor dem Ortseingang Bickenbach ausgeschildert. | Öffnungszeiten April – Okt. So 14 – 18 Uhr und nach Anfrage, Tel. 02234/9921555 | Tipp Mit dem Wasserschloss Ehreshoven befindet sich in Engelskirchen einer der eindrucksvollsten Herrschaftsbauten des Bergischen Landes. Als Schauplatz der TV-Serie »Verbotene Liebe« wurde es überregional bekannt.

13 Die Aggertalhöhle

Was Meer und Regen einst erschufen

Die Zeit in ihrer unfassbaren Dimension ist wenigstens in Höhlen zu erahnen, wenn man weiß, Wasser schuf die Hohlräume in Millionen von Jahren. Auch das Gebiet des heutigen Engelskirchen war vor 350 Millionen Jahren ein Meerboden, und Salzwasser drang in die Falten der Erhebungen am Grund. Erste Auswaschungen geschahen, und als unendlich viel später das Meer verschwunden war, sickerte Regenwasser in diese ersten Hohlräume und wusch sie weiter aus.

Entdeckt wurde die Höhle im 18. Jahrhundert. Die Wege, die man als Besucher heute gehen kann, sind das Ergebnis vieler Erkundungsgänge. Angefangen mit einem 30 Meter langen Zugangsstollen, den man 1890 bohrte, über den ersten Höhlenplan von 1910, dem ersten Schauhöhlenbetrieb ein gutes Jahrzehnt später bis hin zur Höhle als Luftschutzkeller im Zweiten Weltkrieg – all das ist Teil ihrer Geschichte. Ab 1948 wurde die Höhle wieder auf Besucher vorbereitet. Schon zu Beginn zeigte sich, dass die anderen Schauhöhlen in der Umgebung mehr Menschen anlocken konnten. Dies ist bis heute so geblieben, obwohl die Höhle mit 1.071 Metern Gesamtlänge die längste Höhle im Rheinland ist. Aber im Gegensatz zur Wiehler Höhle findet man hier nur wenige Tropfsteine, da kaum kalkhaltiges Wasser eindringen kann. Aber für Forscher verlor die hauptsächlich von Fledermäusen bewohnte Höhle nie an Attraktivität.

Von Neugier wurden die Menschen der Region immer wieder angetrieben, so auch im Jahr 1890 ein Geistlicher des Ortes. Als damals der Eingangsstollen verlegt und zufällig ein sehr schmaler Gang entdeckt wurde, machte die Nachricht die Runde. Der Pastor besuchte daraufhin die Höhle. Der eher kräftige Mann blieb bei seiner Erkundung in dem stellenweise 30 Zentimeter breiten Gang stecken, sodass man ihn aufwendig befreien musste. Der Name Pastorengang ist bis heute geblieben und Teil jeder Höhlenführung.

Adresse Im Krümmel 39, 51766 Engelskirchen-Ründeroth | **Pkw** A 4, Ausfahrt Engelskirchen, in Richtung Engelskirchen/Ründeroth, dann rechts auf die B 55 in Richtung Ründeroth bis zum Wegweiser »Schutzzentrum Aggertalhöhle«, links abbiegen bis zum Parkplatz nach 800 Metern | **Öffnungszeiten** 1. April–1. Nov. Do–So, Feiertage 10–17 Uhr; Besichtigung nur mit Führung alle 75 Minuten. Warme Überkleidung nötig bei Höhlentemperatur von 6–8 Grad. | **Tipp** Die Wasserburg Alsbach, ein befestigtes Herrenhaus am westlichen Ortsrand von Engelskirchen, wurde in den 1620er Jahren erbaut und im 19. Jahrhundert umgebaut. Ein Eindruck lässt sich nur von außen gewinnen.

14 Der Weinberg

Der saure Tropfen aus bester Agger-Lage

Wer seine Heimat dauerhaft verlässt, sucht andernorts oft nach dem Bekannten. Sei es, weil das dabei hilft, in der neuen Umgebung den Lebensunterhalt zu bestreiten, sei es, um in der Fremde leichter anzukommen. Als Anfang des 19. Jahrhunderts Verwandte des Ründerother Schreiners Moritz Sünner aus Winningen an der Mosel in den Ort zogen, muss ihnen die besondere Lage des Berghangs an der Agger aufgefallen sein. Sie begannen, ihn zu nutzen. Zum Weinanbau. Darin kannten sie sich aus.

Tatsächlich erinnert der als »Hoher Stein« in den Flurbezeichnungen benannte Hang in seiner Lage an klassische Weinanbaugebiete. Südlich ausgerichtet, erhält er die längstmögliche Sonneneinstrahlung. Der Kalkboden versprach kräftigen Geschmack des Weins. Die Agger mildert zudem den Frost. Noch heute lassen sich Reste der damals angelegten Terrassenmauern vielerorts erkennen.

Was diesen Hang weiterhin bekannt macht, ist eine Flora, die sich in Teilen wahrscheinlich mit dem Weinanbau angesiedelt hat. Der Blaurote Steinsame findet sich beispielsweise eher in sonnigeren Gebieten wie an Mosel und Oberrhein – und eben hier in Engelskirchen. Nach dem Ende des Anbaus übernahm der Hang andere Rollen, als Steinbruch wurde er genutzt und eine Seilbahn installiert. Während des Zweiten Weltkriegs dienten Stollen im Berg den Arbeitern als Luftschutz. Heute steht der Weinberg unter Naturschutz. Schon als das Gelände nach dem Krieg bebaut werden sollte, lief die Bevölkerung Sturm. Sogar der Dorfpolizist hielt Wache, damit dieser Plan nicht in die Tat umgesetzt werden konnte.

Bislang haben sich übrigens keine durch Dokumente belegten Angaben über Dauer und Erfolg des Weinanbaus gefunden. Es lassen sich höchstens Rückschlüsse ziehen, und da zählen die guten Oberbergischen Verhältnisse gegenüber den Heimatlagen der Winzerfamilie nicht zu den Gewinnern. Der Wein wird wenig Süße gehabt haben.

Adresse Hohenstein, Ecke Mühlenbergwerk, 51766 Engelskirchen | **ÖPNV** Bus 310, Haltestelle Ründeroth Seniorenheim, 10 Minuten Fußweg | **Pkw** A 4, Ausfahrt Engelskirchen, Richtung Engelskirchen links abbiegen, dann auf B 55 Richtung Ründeroth circa 2,7 Kilometer fahren und links abbiegen auf Hohenstein | **Tipp** Der 1906 zu Ehren von Landrat Richard Alexander Haldy errichtete Haldy-Turm bietet einen beeindruckenden Ausblick über das Aggertal.

15 Die Eugen-Haas-Halle

Handball macht berühmt in ganz Europa

Zwischen den 1960er und 1970er Jahren wurden nur wenige Sporthallen gebaut, bei denen auf Waschbeton als Teil der Fassadengestaltung verzichtet wurde. Meist waren solche Hallen Teil einer Schule.

Deshalb streiten die Bilder im Kopf beim Blick auf die Eugen-Haas-Halle, wird hier doch über Jahre hinweg kein Schul-, sondern Hochleistungssport betrieben. Benannt ist diese Halle nach jenem Mann, der den VfL Gummersbach im Handball erfolgreich machte. Feldhandball, einst oft so populär wie Fußball, war der Sport aus Eugen Haas' Jugend. Ab 1956 kümmerte er sich dann um die sportlichen Belange des Klubs. Beruflich engagierte er sich als mittelständischer Unternehmer für Büromöbel und Computer. Seine Freizeit aber galt dem VfL, der fortwährenden Spieler- und der etwas selteneren Trainersuche.

Im VfL Gummersbach wurde schon seit 1923 Handball gespielt, und als einer der Pioniervereine in der Halle gewann der Verein dort 1966 seine erste Deutsche Meisterschaft. Insgesamt wurden es bis 1991 zwölf nationale Titel. Dazu kamen Pokalsiege, internationale Erfolge, darunter der fünfmalige Gewinn des Europapokals der Landesmeister. Finanzielle Schwierigkeiten bedrohten den Verein in jüngster Vergangenheit zweimal und konnten überwunden werden.

Zwar hat der Profihandball in der Vergangenheit bei großen Spielen immer auch Unterschlupf in Köln oder Dortmund gefunden, doch zu einer gesicherten Zukunft gehört nun auch der Umzug in eine neue Spielstätte vor Ort. Denn die Eugen-Haas-Halle ist mit 2.100 Plätzen zu klein, nicht fernsehgerecht, eben nicht mehr zeitgemäß. Statt um- wird neu gebaut, multifunktional, für 4.000 Zuschauer. Schließlich heißt eine Sportstätte der Gegenwart nun stets Arena – und eine Sporthalle, zumal mit Waschbetonfassade, hätte schon sehr verändert werden müssen, damit für den Beinamen Arena der Schulsport ganz vergessen werden kann.

Adresse Moltkestraße 51, 51643 Gummersbach | **ÖPNV** Bus 363, Haltestelle Gummersbach Theater | **Pkw** A 4, Ausfahrt Gummersbach, Richtung Gummersbach, Marienheide auf B 56 fahren, die in B 256 übergeht, nach circa 7,1 Kilometern rechts in Brückenstraße und nach circa 1,2 Kilometern rechts in Moltkestraße | **Öffnungszeiten** abhängig von Veranstaltungen | **Tipp** Im Kreishaus des Oberbergischen Kreises, ebenfalls auf der Moltkestraße gelegen, werden Gemälde und Skulpturen von Künstlern aus der Region ausgestellt.

16 Das Körner-Eck

Ein Mann baut eine Stadt

Das zwischen 1921 und 1923 errichtete Areal in der Körnerstraße wirkt als stilvolle Einheit, die Wohnlichkeit im Drinnen und Draußen verspricht. Vor der u-förmig angeordneten Häuserzeile lädt ein Rasenstück die Nachbarschaft zum Verweilen ein, während hohe Bäume Schatten bieten. So entsteht öffentlicher Raum für Gemeinsamkeit. Der Bau war beeinflusst von der englischen Gartenstadt-Idee, was in dem Fall nicht Arbeitern, sondern Beamten zugutekam, wie damals auch die höheren Angestellten hießen. In der Krisenzeit nach dem Ersten Weltkrieg war die vom Gemeinnützigen Wohnungsverein e.G. verantwortete Siedlung eines der wenigen bedeutenden Bauprojekte der Region, und in Gummersbach kam dafür nur ein Architekt in Frage, der 1877 geborene Heinrich Kiefer.

Mit 22 Jahren kam er als Bauleiter des Herborner Architekturbüros Hofmann nach Gummersbach, um den Umbau der evangelischen Kirche, dem Oberbergischen Dom, zu beaufsichtigen. Er heiratete, erhielt erste Aufträge und zeigte schon da einen eigenen Stil, der den Zeitgeist-Spielereien des Historizismus entsagte. Nachdem er 1906 den Erweiterungsbau der damaligen Oberrealschule an der Moltkestraße geschaffen hatte, wurde er zum gefragten Architekten in Gummersbach. Für Stadt und Kirche errichtete er öffentliche Gebäude. Fabrikanten und Unternehmer ließen sich von ihm Villen bauen. Es kam zur Zusammenarbeit mit Carl Hugo Steinmüller, dessen Unternehmen Gummersbachs größter Arbeitgeber war.

Kiefer, ein Meister der Variation, nahm in seinen Bauten Vorstellungen der Bauherren auf, ohne die Heimatarchitektur des Oberbergischen zu verlieren. Bereits 1912, zur Einweihung des von Kiefer entworfenen Hallenbades an der Moltkestraße, würdigte der Landtagsabgeordnete Kommerzienrat Krawinkel, dass das Häuserbild von Gummersbach durch Heinrich Kiefer eine »wirklich künstlerische Gestaltung erfahren« habe.

Adresse Körnerstraße 1, 51643 Gummersbach | **ÖPNV** Bus 303, Haltestelle IHK | **Pkw** A 4, Ausfahrt Gummersbach, Richtung Gummersbach / Marienheide auf B 56 fahren, die in B256 übergeht, dann rechts auf Dr.-Ottmar-Kohler-Straße, im Kreisverkehr 3. Ausfahrt (Wilhelm-Breckow-Allee) nehmen, rechts auf Hindenburgstraße, 1. links auf Blücherstraße, rechts auf Körnerstraße | **Tipp** Der Oberbergische Dom im Zentrum von Gummersbach ist ein ursprünglich romanischer Bau mit zinnernen Kerzenleuchtern aus der Entstehungszeit der Kirche.

17 Das Eisenbahnmuseum Dieringhausen

Der Bergische Löwe auf Rädern

Die Arbeit in einem Museum endet nie, schon gar nicht im Eisenbahnmuseum Dieringhausen. Schließlich sind die Exponate nicht irgendwann für Vitrinen aufbereitet worden. Regelmäßig zieht die »Waldbröl«, eine 1914 gebaute Dampflokomotive, den »Bergischen Löwen« bei der Ausflugsfahrt auf der historischen Strecke der Wiehltalbahn. So müssen also Kolben geschmiert und Schrauben überprüft werden. Das Gelände selbst mit all seinen bahntechnischen Einrichtungen braucht ständig Wartung. Da wird gegen Rost und Verfall gekämpft, und natürlich stehen immer auch Waggons der Vergangenheit zur Restaurierung bereit.

Nicht alle der vielen hier zu sehenden Dampf- und Diesellokomotiven sind betriebsfähig. So wirkt »Der Bulle«, die letzte in Deutschland vorhandene Güterzug-Tenderlokomotive der 93er Baureihe, zwar fahrtüchtig, doch die 1907 gebaute Leihgabe des Verkehrsmuseums Dresden wurde nur äußerlich wiederhergestellt.

Das Unfertige zeugt vom großen Einsatz, um das Kulturgut Eisenbahn allein mit ehrenamtlicher Arbeit zu bewahren, ohne Unterstützung durch die öffentliche Hand. Dieser Aufwand spiegelt damit auch jene Zeit, in der in Dieringhausen an die 4.000 Bahnangestellte arbeiteten. Nicht nur das 1905 erbaute Bahnbetriebswerk mit dem Ringlokschuppen, der Drehscheibe und den Versorgungsanlagen des Dampflokbetriebs auf dem Museumsgelände skizziert die große Zeit der Eisenbahn am Ort. Nahebei entstand ein Straßenkarree mit Dienstwohnungen und der evangelischen Kirche als Zentrum. Weiter östlich gelegen wurde 1913 ein repräsentatives Empfangsgebäude gebaut, dem der Deutzer Bahnhof in Köln architektonisches Vorbild war. Der Ort wurde Knotenpunkt der Strecken von Köln, Brügge in Südwestfalen und Olpe mit entsprechend großem Rangier- und Güterverkehr.

Adresse Hohler Straße 2, 51645 Gummersbach-Dieringhausen | ÖPNV Bus 310, Haltestelle Lichtstraße | Pkw A 4, Ausfahrt Gummersbach, Richtung Wiehl/Marienheide/Nümbrecht, Schildern nach Marienheide/Gummersbach auf B 56 folgen, bei Vollmerhauser Straße/B 55 links abbiegen, rechts auf Hohler Straße | Öffnungszeiten April–Okt. Sa 10–17 Uhr sowie sonntags an Fahrtagen, werktags nach Absprache, Tel. 02261/77597 | Tipp Auch in Gummersbach gibt es eine Bunte Kerke, es handelt sich um die evangelische Kirche Lieberhausen, ausgestattet mit Wand- und Deckengemälden, die im 19. Jahrhundert übermalt und Anfang des 20. Jahrhunderts wiederentdeckt wurden.

18 Die Kirche auf dem Schulhof

Byzanz im Bergischen

Rebbelroth wuchs einmal als Dorf entlang der Agger, wo eine Furth den Übergang durch den kleinen Fluss möglich machte. Die Hauptstraße wurde zur viel befahrenen B 55, die nun zusammen mit den Gewerbeimmobilien am Ortseingang fast schon an typische Großstadtrandlagen erinnert. Mitten im Dorf trägt eine kleine Kirche in byzantinischem Stil ebenfalls dazu bei, weil man griechisch anmutende Bauten im Oberbergischen kaum vermutet.

Der Grundstein für die Kirche der Hll. Uneigennützigen Ärzte Kosmas und Damian wurde 1999 gelegt, zwei Jahre später war der Bau so weit fertig, dass Messen gelesen werden konnten. Doch erst seit der jüngsten Vergangenheit wurde durch neu erworbene Ikonenmalereien auch die Inneneinrichtung vervollständigt. Ein Kirchenbau braucht seine Zeit in der Diaspora, weil allein Spenden der Gemeindemitglieder die Ausstattung ermöglichen. Inzwischen beeindruckt der Innenraum mit seiner Pracht.

Am heutigen Standort der Kirche tobten früher Kinder in den Schulpausen. Sie wurde nämlich auf dem Hof der Dorfschule errichtet, und das von der Gemeinde mitbenutzte Schulgebäude ist auf den ersten Blick in seiner früheren Funktion zu erkennen.

In Deutschland gehört die griechisch-orthodoxe Kirche zusammen mit den Kirchen des slawischen Kulturkreises der 2010 begründeten »Orthodoxen Bischofskonferenz in Deutschland« an. Orthodoxe Christen feiern die Messe nach byzantinischem Ritus. Theologisch sind die Kirchen vereint, bei allen Unterschieden durch kulturelle sowie nationale Besonderheiten und nicht zuletzt durch die in der Messe gesprochene Sprache. Die Gemeinden der griechisch-orthodoxen Kirche entstanden vor allem durch Griechen, die in den 1960er Jahren in Deutschland Arbeit suchten. Mit ihnen kamen Priester, Glaubenspraxis und Tradition in die neue Heimat.

Adresse Alte Schule 3, 51645 Gummersbach-Rebbelroth | **ÖPNV** Bus 301, Haltestelle Derschlag Rebbelroth | **Pkw** A 4, Ausfahrt Gummersbach, B 56 in Richtung Wiehl/Marienheide/Nümbrecht, Schildern nach Marienheide/Gummersbach/B 56 folgen, dann abfahren auf Vollmerhauser Straße/B 55, Straßenverlauf folgen bis Rebbelroth, Kölner Straße, dort rechts abbiegen auf Alte Schule | **Öffnungszeiten:** Jeden 1. und 3. Sonntag im Monat findet um 9 Uhr eine Messe statt. Sonst auf Anfrage, Tel. 0151/67228869. | **Tipp** In Derschlag befindet sich das alte Bahnhofsgebäude im Fachwerkstil, das zunächst in Recklinghausen aufgestellt war.

19 Das Haus Am Quall

Schützende Mauern und malerische Fassade

Spaziert man durch Gruiten-Dorf, fühlt man sich ein wenig in andere Zeiten versetzt. Das liegt an den gut erhaltenen und gepflegten alten Fassaden, die ein geschlossenes Bild erzeugen. Besonders im Niederbergischen findet man häufiger solch intakte Straßenzüge mit viel Fachwerk wie hier an der Düssel.

Ältestes Gebäude ist das Haus Am Quall, ebenfalls ein Beispiel für anheimelndes Fachwerk. »Der Quall«, wie es auch genannt wird, geht ursprünglich wohl ins 12. Jahrhundert zurück, als Kaiser Friedrich Barbarossa an dieser Stelle einen Klosterhof auswies. Was man heute in seinen restaurierten Resten sieht, stammt allerdings aus späteren Jahrhunderten. Wer im Angesicht des alten Hauses in romantische Nostalgie verfällt, darf nicht vergessen: Die Zeiten waren weder immerzu beschaulich noch friedlich an diesem Ort. Der Fluchtturm, der neben dem Quall steht, zeigt das deutlich. Er ermöglichte es den Bewohnern, sich bei Gefahr rasch in die Sicherheit der meterdicken Mauern zurückzuziehen. Es war kein einfaches Leben für die damalige Bauernschaft, sondern geprägt von schwerster körperlicher Arbeit und häufig von Angst vor Überfällen. Die kleine Anlage ist eine der letzten erhaltenen Bauernburgen im Niederbergischen Land, die davon eine Ahnung erwecken können.

Ende der 1970er Jahre entstand der Plan, das Haus Am Quall wieder aufzubauen. Damals war noch die Stadt Haan verantwortlich, die das Vorhaben gern an engagierte Bürger abtrat. 1996 fiel der entsprechende Beschluss der Stadt, das Gebäude dem »Förderverein Haus am Quall« zur Verfügung zu stellen. Voraussetzung war, dass der Verein es restaurieren und später eine öffentliche Nutzbarkeit gewährleisten würde. Dieses Vorhaben gelang, so ist der Quall heute ein vollkommen schreckensfreier Ort für Trauungen oder Veranstaltungen – und gearbeitet wird hauptsächlich im Rahmen von Tagungen.

Adresse Am Quall 12, 42781 Haan-Gruiten | **ÖPNV** Bus 742, Haltestelle Gruiten Dorf | **Pkw** A 46, Ausfahrt Haan-Ost, Richtung Vohwinkel/Solingen fahren, rechts abbiegen auf L 357, 1. Ausfahrt im Kreisverkehr, im nächsten Kreisverkehr 2. Ausfahrt (Vohwinkeler Straße/L 423), links auf Mettmanner Straße, die übergeht in Pastor-Vömel-Straße. Am Quall geht als Weg für Fußgänger rechts ab. | **Öffnungszeiten** An jedem 1. und 3. Sa eines Monats 11–12 Uhr, Tel. 02104/810871 | **Tipp** Der »Haans« von einem Haaner Künstler ist aus lackiertem Stahlblech und taucht als Skulptur insgesamt achtmal in verschiedenen Farben im Stadtbild auf. Gruiten hat den »Gruitel« als »konkurrierendes« Maskottchen.

20 Der Schelmenturm

Nicht lustig

Welch heitere Stimmung meinen wir heute erwarten zu können, während wir uns dem wahrscheinlich ältesten Teil im Schloss Hückeswagen zuwenden. Im Ort war über die Zeiten hinweg immer auch vom Schelmenturm die Rede, wenn der Bergfried gemeint war. Da wird es wohl hinter den mächtigen Mauern gemütlich zugegangen sein. Denkt man vielleicht zuerst.

Kein Schelm wäre man und dächte nichts Böses. Doch wer die Redewendung wörtlich nimmt, kann ahnen, dass der Schelm nicht immer der freundliche Mensch mit humorigen Hintergedanken war, als den wir ihn heute verstehen. Im Mittelalter war der Schelm im besseren Fall ein sozial wenig geachteter Ritter, im schlechteren Fall ein Dieb und Gesetzesbrecher, für den man den Begriff als Schimpfwort wählte. Das Wort Schelm hat althochdeutsche Wurzeln und war gleichbedeutend mit »Aas«, »Pest« oder »Seuche«. Damit kommen wir der wahren Stimmung in dem Turm schon näher.

Im ebenerdigen Kellergeschoss des Schelmenturms war das Verlies des Schlosses untergebracht. Als Wehrfried wurde er gebaut und steht dort wahrscheinlich seit Anfang des 13. Jahrhunderts. Er sicherte zusammen mit der Wehrmauer den einzig möglichen Zugang zur Burg und bot im Verteidigungsfall die letzte Fluchtmöglichkeit.

Die Grafschaft wurde im Jahr 1260 an die Grafen von Berg verkauft. Die Burg – strategisch zu wenig anderem geeignet – war zeitweise ein Witwensitz und erhielt erst nach 1397 den Beinamen »Schloss«. Heute schlecht vorstellbar, aber auch die Grafen drückten finanzielle Verpflichtungen. Im Notfall verpfändete man dann eben das Schloss, was nicht nur einmal passierte. Folglich wurde in den folgenden Jahrhunderten wenig getan, um das Gebäude zu unterhalten. Als die Stadt das Schloss Ende des 19. Jahrhunderts übernahm, zeigte es sich entsprechend marode, einiges fiel an Restaurierung an. So wurde erst rund 100 Jahre später ein Heimatmuseum daraus.

Adresse Auf'm Schloß 1, 42499 Hückeswagen | ÖPNV Bus 261, Haltestelle Friedrichstraße | Pkw A 1, Ausfahrt Wermelskirchen, Richtung Schloss Burg/Wipperfürth, im Kreisverkehr 1. Ausfahrt (Burger Straße/L 157), links abbiegen auf B 51, rechts abbiegen auf B 237, folgen bis Hückeswagen, da rechts auf Goethestraße, rechts auf Schmittweg, rechts auf Marktstraße, links Auf'm Schloss | Öffnungszeiten Der Turm gehört zum Rathaustrakt und lässt sich nicht besichtigen. Heimatmuseum: So 11–13 Uhr, jeden 1. Sa im Monat 14.30–16.30 Uhr und nach Vereinbarung, Tel. 02192/935204. | Tipp In der an Ausschmückung zwar armen evangelischen Pauluskirche direkt nebenan gewinnt man dennoch einen Eindruck vom Bergischen Barock.

21__Der Haferkasten

Grenzen machen einzigartig

Wer nach Kirschsiepen fährt, hat nur ein Ziel: das dortige Gehöft, zu dem eine enge Nebenstraße führt. Hier befindet man sich näher an der Ortsmitte von Radevormwald als an der von Hückeswagen, was gleich noch von Bedeutung sein wird. Denn auch ein so unscheinbar wirkender Holzbau wie der Haferkasten birgt Geheimnisse. Am ersten Haus an der Zufahrt steht er direkt im Vorhof und wird weiterhin genutzt. So dringt man erlaubter Weise ein wenig ins Private, wenn man sich die über dem seitlichen Eingang eingeschnitzte Jahreszahl der Erbauung genauer ansehen will.

Seit 1620 befindet sich der Haferkasten an diesem Ort und diente den Bauern dazu, ihr Saatgut und ihre Kornfrucht abseits des immer brandgefährdeten Hofgebäudes sicher zu lagern, aber auch wertvollerer Besitz wurde hier in Zeiten der Gefahr untergebracht. In Hückeswagen ist er der einzige seiner Art, in Radevormwald gibt es sechs weitere jüngeren Datums. Eigentlich ist er durch seine Bauweise ein Fremdling auf diesem Gebiet. Frühere Heimatforscher vermuteten gar einen anderen Standort zuvor. Wahrscheinlicher sind andere Grenzverläufe als bislang angenommen, sodass der Hof einst wohl zu Radevormwald gehörte.

An der oberen Tür des zweigeschossigen Haferkastens will in den 1930er Jahren ein Heimatforscher auch die Jahreszahl 1610 entdeckt haben. Heute ist davon nichts mehr zu sehen, aber die Bohle über der Tür weist eine leichte Schieflage auf. Der Landwirt Gerhard Loh, dessen Familie den Hof seit 1844 bewirtschaftet, vermutet einen halbwegs gelungenen Versuch der Brandschatzung als Grund. Während des Dreißigjährigen Kriegs war das Gebiet in den 1630er Jahren immer wieder neu umkämpft worden, mit entsprechenden Plünderungen und dem Niederbrennen der Bebauung bei Eroberungen. Am schwer entzündbaren Eichenholz entstand wahrscheinlich nur ein leichter Schaden, der mit den Überresten eines anderen Haferkastens ausgebessert wurde.

Adresse Kirschsiepen 1, 42499 Hückeswagen-Kirschsiepen | **Pkw** A 1, Ausfahrt Remscheid, in Richtung Lüdenscheid / Radevormwald auf B 229 abbiegen und der Bundesstraße für circa 11 Kilometer folgen, in Radevormwald rechts abbiegen auf Bahnhofstraße, links auf Kohlstraße, nach gut 1 Kilometer rechts auf Kirschsiepen | **Tipp** Vor dem Bau der Kirche St. Mariä Himmelfahrt in Hückeswagen 1881 teilten sich die hiesigen katholischen und evangelischen Gemeinden die ehemalige St.-Nikolaus-Kirche. Eines der Kirchenfenster in St. Mariä Himmelfahrt stiftete die Kolpingsfamilie.

22 Das Grab von Karlheinz Stockhausen

International beachtete Klänge aus dem Bergischen

Kunstschaffen bedarf besonderer Atmosphären, die der Komponist der Neuen Musik Karlheinz Stockhausen in seiner Wahlheimat Kürten fand. Dort wohnte er seit den 1960er Jahren in einem von ihm selbst entworfenen Haus und schuf hier über Jahre einen musikalischen Kosmos, um den herum ein kleiner Kulturbetrieb mit Stiftung, den seit 1998 jährlich im Sommer stattfindenden Stockhausen-Kursen und Konzerten, entstand. Den Gemeinderat bewog das alles 2010 dazu, Kürten mit dem Namenszusatz »Stockhausengemeinde« zu versehen.

Konsequenterweise bestimmte Karlheinz Stockhausen Kürten auch zum Ort seiner letzten Ruhestätte. Dazu entwarf er das Grabmal, das nach seinem Tod 2007 auf dem Waldfriedhof errichtet wurde und dessen heller, hoher Stein weithin sichtbar den Weg weist. Für dieses Grabmal griff er die LICHT-Formel aus seinem letzten vollendeten Hauptwerk auf, dem gigantischen LICHT-Zyklus. Berühmt wurde daraus das Helikopter-Streichquartett, bei dem zu den Instrumenten die Rotorblätter von vier Hubschraubern erklingen. Neben den Musikern und Piloten waren Tontechniker, aber auch Fernseher, Mischpulte, Lautsprecher und Moderator für das 1996 uraufgeführte und aufgenommene Werk vorgesehen.

Stockhausens eigenwillige Kunst wurde nicht nur in den Kreisen der Neuen Musik verehrt. Auch elektronische Musiker wie Can bezogen sich auf ihn. Zudem beeinflusste er mit seinen frühen Kompositionen Pop- und Rockmusiker. Auf der von dem britischen Maler Peter Blake angelegten berühmten Fotocollage der Beatles-LP »Sgt. Pepper's Lonely Hearts Club Band« etwa befindet sich Karlheinz Stockhausen in der hintersten Reihe als Fünfter von links. Paul McCartney soll es gewesen sein, der John Lennon mit Stockhausens Musik bekannt gemacht hat. Aber auch Frank Zappa, Pete Townshend oder Björk fanden in Stockhausens Musik Inspiration.

Adresse Waldfriedhof, Am Lindchen 39, 51515 Kürten | **ÖPNV** Bus 426, Haltestelle Kürten Rathaus | **Pkw** A 3, Ausfahrt Dellbrück, auf B 506 in Richtung K-Holweide/Bergisch Gladbach, B 506 etwa 17 Kilometer folgen, dann rechts abbiegen auf Bergstraße/K 30, im Kreisverkehr 3. Ausfahrt nehmen | **Öffnungszeiten** tagsüber geöffnet | **Tipp** An einem Wanderweg oberhalb des Kürtener Waldfriedhofs liegt ein moderner Kreuzweg (»Kürtener Kreuzweg«), gestaltet vom Franziskanerpater Leo Jahn auf Betreiben des ehemaligen Pfarrers Heinz Kramm von St. Johannes Baptist in Kürten.

Hörertipp von Daniela Jansen, Gunnar Joachimsohn, Ralph Knapp, Anita Oberbörsch, Gabriele Schulte, Gudrun Völkel

23_Die evangelische Kirche

Reihenhausprinzip im Sakralbau

Der Ortsname ist identisch mit dem einzigen Straßennamen. Wenige Häuser verteilen sich im Tal. Ziegen grasen zwischen Kirche und Friedhof. Manchmal wird die idyllische Stille von an- und abfahrenden Autos unterbrochen. Ziel von Ausflüglern ist nicht nur das hiesige Wandergebiet. Auch das Restaurant und Café »In der Delling« lädt zum Verweilen ein. Gleich nebenan befindet sich die kleine evangelische Kirche, deren Geschichte mit dem Gasthof durch mehr verbunden ist als nur dem Frühschoppen von Kirchgängern. Das Gebäude des Gasthofs wurde vor 100 Jahren anstelle eines abgebrannten Gutshauses gebaut, in dem zu Beginn des 17. Jahrhunderts die wenigen, sich heimlich zur Reformation bekennenden Bauern ihren Gottesdienst abhalten konnten.

Trotz der später gewährten Freiheit zum evangelischen Bekenntnis blieben die Protestanten eine Minderheit, die mit der Regierungsübernahme Preußens in den Rheinprovinzen ab 1815 aber Unterstützung fand. Nicht nur, dass von da an Lehrer und Beamte evangelischen Glaubens an den Rhein entsandt wurden, dank der finanziellen Unterstützung durch den preußischen König entstanden neue Kirchen. Um Kosten zu sparen, konnten die Architekten vor Ort auf den von Preußens Baumeister Karl Friedrich Schinkel entworfenen »Normalplan für kleine evangelische Kirchen in Preußen« zurückgreifen.

Auch in Delling folgte Carl Friedrich Thiele bei der 1834 eingeweihten Kirche mit ihrer Schlichtheit und dem neoklassizistischen Stil dem von Schinkel gestalteten Vorbild, das sich vermutlich in Nakel im heutigen Polen befindet. Der Glockenturm entstand 1858, und seit 1969 schmückt den Innenraum die 1802 gebaute Orgel süddeutschen Typs, die einen halben Ton höher gestimmt ist als herkömmliche Orgeln. Der »Normalplan« fand im Bergischen nochmals seine Anwendung. In der Wipperfürther Gemeinde Klaswipper wird man sich an Dellings Kirche erinnert fühlen.

Adresse Delling 16, 51515 Kürten-Delling | ÖPNV Bus 429, Haltestelle Delling Abzw. | Pkw A 4, Ausfahrt Untereschbach, Richtung Lindlar auf L 284 circa 10,5 Kilometer fahren, in Hommerich links abbiegen auf L 304, nach circa 1,2 Kilometern rechts abbiegen auf Grundermühle und circa 3,4 Kilometer fahren, dann geradeaus weiter auf Haasbach Richtung Delling | Öffnungszeiten tagsüber | Tipp Einige Rundwanderungen bieten sich von Delling aus an, ehe man sich im Café Restaurant »In der Delling« aus dem großen Angebot auch die Bergische Kaffeetafel schmecken lassen kann.

24 Das Gut Hungenbach

Ein Museumsdorf in privater Hand

In den ländlichen Teilen des Bergischen Landes geht das Bewahren oft auf private Initiativen zurück. Das Gut Hungenbach erzählt daher ebenso die Geschichte der dort erhaltenen Häuser wie die seiner ehemaligen durchsetzungsstarken Besitzerin Dr. Hildegard von Fragstein. Die 1925 geborene Internistin hatte neben Medizin auch Architektur studiert – und so ein besonderes Empfinden für deren Wert. Mit Hans Schwippert gewann sie einen der gefragtesten deutschen Architekten des Wiederaufbaus der 1950er Jahre als Mitstreiter. Er verantwortete etwa die Erweiterung des Bundeshauses in Bonn oder den Umbau des Palais Schaumburg zum Bundeskanzleramt. Auf Gut Hungenbach begleitete er das, was die Denkmalpflege Translozierung nennt, also ein Gebäude abzubauen und es an anderer Stelle möglichst originalgetreu wieder aufzubauen.

Wo früher nur ein Gutsgebäude mit Brunnen stand, findet man jetzt Häuser, die etwa in Hückeswagen, Wuppertal oder Much Neubauvorhaben weichen mussten. Die Baukultur war eben in den 1970ern eher eine des Abreißens denn des Bewahrens. So wurde hier das aus der ersten Hälfte des 18. Jahrhunderts stammende »Jung-Stilling-Haus« vor dem Verschwinden gerettet. Es stand einmal in Kräwinklerbrücke, und Namensgeber ist der spätere Augenarzt und Goethe-Freund, der in dem Haus sieben Jahre als Hauslehrer lebte. Als 1972 einer der ältesten Bauten im Bergischen, der Rittersitz Haus Varresbeck, der A 46-Trasse von Hilden nach Wuppertal weichen musste, wurden die Einzelteile des Gebäudes auf dem Gut eingelagert.

Bedingt durch Schäden an diesen Originalteilen und steigende Kosten dauerte es bis zum Wiederaufbau zwei Jahrzehnte. Inzwischen ging das Gut in neue Hände über. Das »Jung-Stilling-Haus« wird wieder als Hotel benutzt, Wellness-Bereich und Tagungsräume laden zum Besuch ein. Nachdem es auf dem Gut im hohen Alter der Vorbesitzerin ruhiger geworden war, ist neues Leben eingekehrt.

Adresse Hungenbach 12, 51515 Kürten-Hungenbach | ÖPNV Bus 426, Haltestelle Breitbacher Weg | Pkw A 4, Ausfahrt Moitzfeld, Richtung Herkenrath / Kürten, auf Friedrich-Ebert-Straße, rechts auf Moitzfeld / L 289, rechts auf Wipperfürther Straße / L 286, rechts auf Hungenbach | Öffnungszeiten Das Gelände steht für Passanten offen. Buchung von Zimmern oder Veranstaltungsräumen unter Tel. 02268 / 801510 | Tipp Wer Lebens- als Wohngeschichte erfahren möchte, besucht auch das Jung-Stilling-Haus in Hückeswagen-Hartkopsbever, wo dieser zuvor gelebt hatte.

25 Das Ehrenmal für Vikar Ommerborn

Unterschiedliche Zeiten, gleiche Feindbilder

Als in Offermannsheide die neue Kirche St. Peter und Paul im Jahr 1883 geweiht wurde, war Johann Peter Ommerborn, der einstige Seelsorger der Gemeinde, schon 45 Jahre tot. Die Erinnerung an ihn aber war seit dem Deutsch-Französischen Krieg von 1870/71 lebendiger als zuvor. Als »Beschützer der Heimat in schwerer Zeit« war sein Name dem Vergessen entrissen worden, und einmal mehr bewies sich, die Interessen der jeweiligen Gegenwart bestimmen die Deutung der Vergangenheit.

Geboren wurde Johann Peter Ommerborn vermutlich am 1. Januar 1762 auf dem Bauernhof Ommerborn in der Gemeinde Klüppelberg. Als er seine erste Stelle nach der Priesterweihe annahm, begannen in Europa bedrohliche Zeiten. Französische Revolutionstruppen drangen plündernd bis ins Bergische vor. Ommerborn wurde zum Widerständler, ritt nachts zu den Höfen, um Verbündete in der Bauernschaft zu finden und einen Landsturm zu bilden. Ein Starrkopf muss dieser »Heldenpastor« gewesen sein, der auch als Baumeister aktiv war. Letzteres zeigen die Pfarrhäuser in seiner ersten Gemeinde und im Bergisch Gladbacher Ortsteil Sand, die heute noch stehen.

Aussagekräftig, was Selbstverständnis und Charakter angeht, war der Umstand, dass sich Ommerborn später vom Kaiser die Verleihung einer goldenen Zivilehrenmedaille erbat. Posthum erhielt er mit dem Ehrenmal die Anerkennung, die er offenbar zu verdienen glaubte. Es heißt, die Errichtung anlässlich der Neugestaltung des Kirchplatzes um die Zeit zwischen 1923 und 1925 wurde durch eine Schenkung von Freifrau Maria von Landsberg, geborene Fürstenberg, möglich gemacht. Die Wahrheit ist aber wohl auch: Im Deutschland der Zwischenkriegszeit war Frankreich vielen Menschen der »Erbfeind« geblieben, und so stellte der Kampf gegen diesen Feind, wenn auch in anderem Kontext, vorbildhaftes Verhalten dar.

Adresse Offermannsheider Straße 185, 51515 Kürten-Offermannsheide | ÖPNV Bus 335, Haltestelle Offermannsheide | Pkw A 4, Ausfahrt Untereschbach, Richtung Lindlar, auf Bahnhofstraße/L 284, nach rund 4 Kilometern links auf Melessen/L 284, dann links abbiegen auf Offermannsheider Straße/K 32 | Tipp Schloss Georghausen ist ein Wasserschloss von 1466, das seit 1951 als Klubhaus einer Golfanlage mit Restaurant fungiert.

26 Der Leichenweg

Umwege zur letzten Ruhe

Die Toten werden in unserer Kultur von den Lebenden seit jeher mit Respekt gesehen, manchmal sogar gefürchtet. In weniger aufgeklärten Zeiten waren die Menschen nicht sicher, ob sie nicht von den gerade Gestorbenen auf unerklärbare Weise selbst mit dem Tod bedroht werden könnten. Viele Rituale sollten die Gefahr bannen. Bei einem vorbeigehenden Leichenzug mussten etwa die Haustüren geschlossen bleiben. Wer da an einem direkten Weg zum Friedhof wohnte, dem wird es sicher oft unheimlich geworden sein. Es sei denn, er hatte, wie der Lehnsherr in Olpe, die Macht und verbot es einfach, die Toten an seinem Wohnsitz, dem Haus Olpe, das später Burg genannt werden sollte, vorbeizutragen.

So lässt sich noch heute beim Blick über das Feld Richtung der Straße Offermannsberg eine Baumreihe erkennen, die den eingeschlagenen Umweg zum Friedhof markiert. Die Bäume wurden nachträglich dort gepflanzt, wo über Jahrhunderte Menschen entlanggezogen waren, wenn ein Toter in den Ortschaften des heutigen Bornen, Bergerhöhe oder Forsten zu beklagen war. Es ist der alte Leichenweg zum Dorffriedhof von Olpe.

Schon damals wurde die Totenmesse in einer Kirche gehalten, von der als Rest die Kreuzkapelle erhalten blieb und in der über Jahrhunderte ein Splitter vom Kreuz Christi als Reliquie verehrt wurde. Heute befindet sich dieser Splitter in der 1896 gegenüber dem Friedhof errichteten Kirche St. Margareta. In den 1960er Jahren ist er von einem Kölner Künstler in ein goldenes Kreuz eingearbeitet worden. Nach mündlicher Überlieferung hat um etwa 1280 Ritter Forastus de Vorst, einer der ersten Herren von Haus Olpe, die Reliquie vom Fünften Kreuzzug mitgebracht.

Mit den kirchenbaulichen Veränderungen zum Ende des 19. Jahrhunderts wurde das romanische Portal der abgerissenen Kirche zum Kapelleneingang, der mit seinem Entstehungsjahr 1135 nun das älteste Bauwerk im Dorf ist.

Adresse Zum Wiedenhof 4, 51515 Kürten-Olpe | ÖPNV Bus 427, Haltestelle Olpe Kirche | Pkw A 4, Ausfahrt Untereschbach, Richtung Lindlar, nach 600 Metern auf Bahnhofstraße/L 284 und dort 4 Kilometer bleiben, links abbiegen auf Melessen/L 284, dort 6,5 Kilometer weiterfahren, links abbiegen auf Tüschen/L 304, rechts abbiegen auf Selbach/L 146, nach 3 Kilometern links abbiegen auf Zum Wiedenhof | Tipp Das China-Forum – Galerie T in Kürten-Forsten ist ein interkulturelles Zentrum mit Ausstellungen, Vorträgen und Kursen.

27__Hähnchen Ewald

Schlange stehen als Genuss

In den großen Städten in und um das Bergische Land gibt es unzählige Restaurants, Pommesbuden oder Grills aller Kategorien. Da ist es schon erstaunlich, wie lang die Schlange hungriger Gäste regelmäßig wird, die sich bei Hähnchen Ewald bildet. Dabei muss man die Adresse schon genau kennen, um dorthin zu kommen. Halbe Hähnchen, das ist das Angebot, das diese Adresse berühmt gemacht hat, mit Fritten und selbst gemachter Mayonnaise oder mit Brot. Alternativ gibt es Bockwurst, Suppen oder »Strammen Max«. Dann erschöpft sich das Angebot bald.

Ende der 1960er Jahre entstand dieser zwischen Wald und Wiesen gelegene Imbiss. Werbemaßnahmen, die den Andrang erklären würden, gab es nie. Die Anzeigen in regionalen Blättchen dienen mehr der Unterstützung von hiesigen Vereinen. Es muss also an der Mundpropaganda liegen, dass sich hier zeitweise Leute anstellen, die vorher etliche Kilometer zurückgelegt haben und selbst aus den Großstädten am Rhein anreisen.

Rund 80 Plätze gibt es, und wenn die besetzt sind, muss man eben warten. Denn reservieren kann man nicht. Auch nicht die Prominenten, die ab und an vorbeischauen. Schauspieler, Models oder Sportler reihen sich ein in jene legendäre Schlange vor Hähnchen Ewald.

In Unterselbach ist jene traditionelle Imbisskultur lebendig geblieben, die von der deutschen Variante des Schnellrestaurants schon in den 1950er Jahren mit dem Slogan beworben wurde: »Heute bleibt die Küche kalt, wir gehen in den Wienerwald.« Vielleicht gehört der Kürtener Imbiss aber auch entgegen dem ersten Anschein zu jener Entwicklung der zurückliegenden Jahre, die Kochen und das »gute« Essen zu einem Ausdruck von Lebensstil machte. Vielleicht drückt sich mit dem Besuch bei Hähnchen Ewald ebenso Lebensstil aus. Denn mit dem Weg aufs Land erhalten ein Ausflug ins Bodenständige und der Griff zum etwas Fettigen eine besondere Note.

Adresse Selbach 4, 51515 Kürten-Unterselbach | Pkw A 4, Ausfahrt Untereschbach, auf L 284 Bahnhofstraße, links abbiegen auf Melessen / L 284, links abbiegen auf Tüschen / L 304, rechts abbiegen auf Selbach | Öffnungszeiten So–Fr 16.30–22 Uhr, Sa Ruhetag | Tipp Die historische Bahntrasse der Sülztalbahn führt als Rad- und Wanderweg von Lindlar über Linde nach Hommerich.

28 Der SinnesWald

Kunst begegnet Natur

Der Murbach fließt von Burscheid nach Leichlingen, wo er in die Wupper mündet. Auch an seinen Ufern entstanden Mühlen, und die Wasserkraft kam für vielfältiges Handwerk zum Einsatz. Eine dieser Mühlen wurde schon früh, nämlich 1856, zu einer Baumwollspinnerei umgebaut – heute ist sie dagegen ein Zuhause für Kultur.

Ein zentraler Teil des Geländes ist – damals und heute – der rund 1.500 Quadratmeter große Mühlenteich. Früher lieferte er Reservewasser für den Mühlenbetrieb, wenn der Murbach zu wenig Wasser führte. Seit 1993 ist er zum Teil ein Ausstellungsraum in freier Natur. Durch das Gelände führen geschwungene Pfade, auf denen Skulpturen, hauptsächlich regionaler Künstler, in jährlich wechselnden Ausstellungen gezeigt werden. Zudem bieten kleine Inseln im Teich der Kunst eine Präsentationsfläche. Die meist etwa 60 Werke stehen jeweils unter einem Jahresthema wie etwa »Torheiten«, »Gerechtigkeit« oder »Idealismus«.

Das Gelände begrenzt ein schon im Mittelalter genutzter Steinbruch auf der einen Seite, der die besondere Akustik mit viel Hall im Tal begünstigt. Solche Art Bruchstein wurde schon beim Mühlenbau im 15. Jahrhundert für die Grundmauern genutzt. Später wurden sie in die Baumwollspinnerei integriert. Bis zu seiner Aufgabe in den 1950er Jahren war der Steinbruch unter anderem Materiallieferant für den Straßenbau.

Die Eltern von Wicze Braun kamen damals als Flüchtlinge aus Ostpreußen und erwarben das Gelände. Jetzt stand die Landwirtschaft im Vordergrund, bevor die Tochter das Grundstück rund 40 Jahre später auf seine neue Bestimmung vorbereitete. Gemeinsam mit Wolfgang Brudes eröffnete Braun ein Naturraum-Museum im steten Wandel, durch das man im wahrsten Sinne über Stock und Stein läuft. Einen Eintritt zahlt man hier nicht, Spenden werden dafür mit einem »Danke-Stein« am Wehr quittiert.

Adresse Wietsche 1, 42799 Leichlingen (für Navigationsgeräte: Am Murbach 18) | ÖPNV Busse 251, 253 und 258, Haltestelle Balken | Pkw A 3, Ausfahrt Leverkusen-Opladen auf B 8, links auf Bonner Straße / B 8 und dort bleiben, im Kreisverkehr 2. Ausfahrt (Rat-Deycks-Straße / B 232), links auf Rennbaumstraße / B 232, links abbiegen auf Wuppertalstraße / L 359, rechts abbiegen auf Balken, links auf Am Murbach | Öffnungszeiten Mai–Dez. Mo–So vom Morgen bis zur Dämmerung geöffnet. Festes Schuhwerk wird empfohlen. Hunde müssen draußen bleiben! | Tipp Die heute als Ausflugslokal genutzte Wietsche Mühle – 500 Meter flussaufwärts – war Ölmühle, Walkmühle und auch Fruchtmühle. Was früher Mahlwerk war, dient als Tisch: ein Mühlenstein aus dem Jahr 1807.

29 Die Balkantrasse

Statt auf Gleisen auf Asphalt

Der Bahnhof Opladen ist ein typischer Zweckbau der 1960er Jahre. Variiert und heruntergebrochen wurde damals der funktionale Bauhausstil allerorten.

Heute halten hier nicht mehr viele Züge, dabei machte der Personen- und Güterzugverkehr den Ort einmal sogar zu einem kleinen Knotenpunkt. Unter anderem führte von Opladen aus fast 100 Jahre lang eine Bahnstrecke nach Lennep. Zwischen 1868 und 1881 war sie gebaut worden. 50 Jahre später hieß der dort verkehrende Zug im Volksmund nachweislich Balkanbahn. Das war – zumindest anfangs – nicht unbedingt liebevoll gemeint, sondern eher etwas abschätzig. Denn die Bahnlinie führte weg von den Ausläufern des Bergischen beim dicht besiedelten, wohlhabenderen Rheinland ins karge Innere der Region, die beim Blick aus dem Zugfenster wenig Industrie oder Landwirtschaft zu bieten hatte.

In der Nachkriegszeit wurde aus der »Balkanbahn« der »-express«, ironisch gemeint, denn vieles waren die Verbindungen, nur eben nicht schnell. Schienenbusse schickte man auf diese Gleise. Später aber klang der Name immer positiver – der »Balkanexpress« gehörte eben zur Geschichte der Region.

Mit der Streckenstilllegung im Jahr 1991 nahm erst einmal die Natur wieder überhand. 20 Jahre vergingen, bis die Stadt Leverkusen das 165.000 Quadratmeter große Grundstück der Balkantrasse von der Deutschen Bahn kaufte. Seither ist der Förderverein Balkantrasse Leverkusen e.V. aktiv, der innerhalb von zwei Jahren 1.600 Mitglieder gewann. Er übernimmt für das Teilstück vor Ort jene Verantwortung, die weiter östlich von Gemeinden wahrgenommen wird. In Leverkusen fehlt dazu das Geld. Deshalb bleibt nach dem Start am Bahnhof Opladen auch noch das ein oder andere zu tun an der Fahrradstrecke, die als Balkantrasse in das inzwischen über 300 Kilometer zählende Radwegenetz im Bergischen Land eingebunden ist.

Adresse Bahnhofstraße 35, 51379 Leverkusen-Opladen | ÖPNV Regionalbahnen RE 7 und RB 48, Bahnhof Opladen, oder Bus 255, Haltestelle Busbahnhof Opladen | Pkw A 3, Ausfahrt Leverkusen-Opladen auf B 8 und dort bleiben, im Kreisverkehr 2. Ausfahrt (Rat-Deycks-Straße / B 232) nehmen, nach 450 Metern weiter auf Freiherr-vom-Stein-Straße, von dort links abbiegen auf Bahnhofstraße | Tipp Das Museum im Schloss Morsbroich zeigt zeitgenössische Kunst, teils in Wechselausstellungen.

30 Die Grauwacken-Steinbrüche

Steinabbau – gestern und heute

An vielen Orten im Bergischen Land zeigt sich die erdgeschichtliche Vergangenheit gleichsam an der Oberfläche. Wir bewegen uns auf einem Boden, der vor 350 Millionen Jahren von Wasser bedeckt war. Grauwacke, zu 90 Prozent aus Quarz bestehend, dazu Feldspat, Quarzit und Kieselschiefer, konnte entstehen, weil sich im Wasser schwimmende Partikel absetzten und auf dem Meeresgrund Gesteinsschichten bildeten.

Am Brungerst, einem Berg, wird dieser ehemalige Meeresboden schon seit Jahrhunderten wirtschaftlich genutzt. Was mit kleinen Bauernsteinbrüchen um 1630 begann, nahm industrielle Größe an. Der Bau von Eisenbahnstrecken im Oberbergischen führte etwa dazu, dass entlang der Trassen die Steinbrüche im Hauptbetrieb gewerblich genutzt wurden. Neue Abbaustätten wurden eingerichtet. Die industrielle Revolution tat das Übrige. In großem Umfang wurden nicht nur Bahnstrecken gebaut, der Bedarf an Baumaterial in den Städten war immens, und auch bei der Errichtung von Staudämmen ließ sich der universal verwendbare Stein verwerten. Denn Grauwacke ist härter als Granit.

Im Jahr 1913 bauten mehr als 1.000 Beschäftigte in den rund 100 Steinbrüchen im Oberbergischen ungefähr eine Million Tonnen Grauwacke ab. Dazu schoben die Arbeiter noch bis in die 1950er Jahre die Steinloren auf Feldbahngleisen mit eigener Kraft, bis schließlich auch hier Bagger die Arbeit erleichterten. Ohne Zweifel war die gefährlich: In der ersten Hälfte des 19. Jahrhunderts sollen in Lindlar die meisten Witwen und Waisen der Region gelebt haben.

Wer heute dem als Wanderroute ausgewiesenen »Steinhauerpfad« folgt, nimmt zwar denselben Weg wie die Arbeiter damals, doch braucht man heute einige Phantasie, um sich die Schwere dieser Arbeit in stillgelegten Steinbrüchen vorzustellen.

Adresse Eremitage, 51789 Lindlar | ÖPNV Busse 40 und 332, Haltestelle Lindlar | Pkw A 4, Ausfahrt Untereschbach, rechts ab auf die L 299 und über Immekeppel und Obersteeg rund 15 Kilometer bis Lindlar-Zentrum. Im Verteilerkreis 2. Ausfahrt nehmen auf Boromäusstraße, dann rechts in Eremitage. Der Steinhauerpfad beginnt nach den Steinbrüchen links. | Tipp Die Jubilate-Kirche ist eine evangelische Kirche aus den 1950er Jahren. Ein Bestandteil des Baus ist der offene, filigrane Kirchturm.

31 Der Kiosk im Freilichtmuseum

Ein derbes Wort für einen süßen Ort

Menschen gewöhnen sich an den Anblick bestimmter Orte und entwickeln dabei manchmal eine besondere Zuneigung für auffällige Gebäude. In Wermelskirchen war das zum Beispiel mit dem Kiosk, der am Marktplatz stand, der Fall. Die Stadtplaner hatten grundlegende Veränderungen für den Platz vorgesehen und dabei kein Fleckchen mehr für den 1935 errichteten Verkaufspavillon. Proteste blieben nicht aus. So ist es nun dem ehrenamtlichen Engagement und der Unterstützung durch die Kommunen von Lindlar und Wermelskirchen zu verdanken, dass das Häuschen an der einen Stelle ab- und an der anderen Stelle wieder aufgebaut wurde. Der Kiosk verschwand aus dem Stadtbild von Wermelskirchen, nicht aber aus dem Bergischen Land. Im Freilichtmuseum Lindlar landete er.

Hier hat so manches in gewisser Weise ausrangierte, aber dennoch erhaltenswerte Gebäude einen neuen Platz. So entsteht eine Vorstellung, wie man früher im Bergischen lebte. Ein Fachwerkhaus von 1763, wie es einst in Windeck Menschen und Tieren ein gemeinsames Dach über dem Kopf bot, gehört etwa zur Ausstellung. An der zugehörigen Feuerstelle mit Rauchkammer kann man dabei zusehen, wie zu dieser Zeit am offenen Feuer gekocht und gebacken wurde. Oder als Ort von Geselligkeit die Gaststätte »Römer« ansehen, die 1997 aus Wuppertal mit ihrer vollständig erhaltenen historischen Ausstattung vom Beginn des 20. Jahrhunderts nach Lindlar umsiedelte.

Der Kiosk hält – ganz wie früher – Getränke, Süßigkeiten oder Krimskrams bereit, alles für kleines Geld. In Wermelskirchen hatte er übrigens noch eine ganz andere Vergangenheit – als öffentliche Bedürfnisanstalt. »Pisskirche« wurde er damals wegen seines Spitzdaches genannt. Allerdings fragt man sich bei Namen dieser Art doch auch, ob sie tatsächlich umgangssprachlich genutzt wurden oder ob sie nur der schönen Anekdote wegen weitererzählt werden.

Adresse Kölner Straße, 51789 Lindlar | **ÖPNV** Bus 421, Haltestelle Lingenbach (Museumseingang über den Museumswanderweg M5 erreichbar) | **Pkw** A 4, Ausfahrt Untereschbach, Richtung Lindlar auf L 299 fahren, nach circa 15 Kilometern: Parkplatz am Museumsgelände | **Öffnungszeiten** März – Okt. Di – So 10 – 18 Uhr; Nov. – Feb. Di – So 10 – 16 Uhr | **Tipp** Im Schlosspark Heiligenhoven findet man einen der ältesten Baumbestände des Bergischen Landes.

32 Die Kirche St. Apollinaris

Väter und Söhne

Wir kennen so etwas auch aus dem alltäglichen Leben. Zu einem Handwerksbetrieb etwa kehrt jeder zurück, der einmal zufrieden war, selbst wenn im Laufe der Zeit der Meister und Besitzer seinen Betrieb der nächsten Generation übergeben hat. Schließlich war auch von den jüngeren Nachfolgern schon viel Gutes zu hören gewesen, und gesehen hatte man den Sohn vielleicht auch schon einmal.

Bei den anfallenden Kirchenbauarbeiten der Gemeinde St. Apollinaris scheint es so mit den Aufträgen für Architekten der Fall gewesen zu sein. Hier galt der Name Böhm etwas. Als die seit 1848 schon bestehende Kirche im Jahr 1926 baufällig wurde, erhielt Dominikus Böhm den Auftrag für einen Neubau. Er war zu der Zeit bekannt als Kirchenbauarchitekt mit einem sehr eigenen Stil. Böhm nutzte den bestehenden Kirchturm, so weit es ging, um bis 1928 den von außen schlicht wirkenden Neubau zu vollenden. Kommt man näher, fallen aber die parabelförmigen Fenster auf. Sie geben eine erste Ahnung von der durch Böhm geschaffenen Einheit zwischen klassischen und gemäßigt modernen Formen, die sich innen mit dem vom Boden ansteigenden Spitzbogengewölbe zeigt.

Heute umspannt eine von Lamellen geformte Fensterwand einen erst später errichteten Altar. Dabei spielte der Generationswechsel eine Rolle. Gottfried Böhm, der Sohn von Dominikus, wurde zu Beginn seiner Karriere ab 1954 bei anfallenden Umbauarbeiten hinzugezogen. Bis 1968 geschah das, und währenddessen kreierte er jenen Altar, der sich in den vom Vater geschaffenen Raum einfügt.

Sollte in Zukunft eine Baumaßnahme in Frielingsdorf nötig sein, kann die Tradition fortgesetzt werden. Auch der Sohn von Gottfried Böhm ist Architekt geworden. In gewandelten Zeiten beschäftigt sich Paul Böhm nicht nur mit dem katholischen Sakralbau. Beim Bau der Moschee in Köln arbeitet er mit noch anderen Formen religiöser Architektur.

Adresse Jan-Wellem-Straße 12, 51789 Lindlar-Frielingsdorf | **ÖPNV** Bus 307, Haltestelle Frielingsdorf Busbahnhof | **Pkw** A 4, Ausfahrt Engelskirchen, Richtung Ründeroth auf L 302 fahren, nach 4,9 Kilometern in Fenke links abbiegen auf L 97, Straßenverlauf 1,5 Kilometer folgen, dann rechts abbiegen auf Jan-Wellem-Straße | **Öffnungszeiten** tagsüber geöffnet | **Tipp** In Lindlar befindet sich mit der »2T Kletter- und Boulderhalle« eine der größten Kletteranlagen im Rheinland. Sie bietet 1.000 Quadratmeter im Boulder- und 1.500 Quadratmeter im Kletterbereich, Information unter Tel. 02266/8058830.

33 :metabolon

Wo Abfall zu Freizeit wird

Künstliche Berge entstehen manchmal auch durch Müll, genauer gesagt durch Rostasche, die bei der Müllverbrennung übrig bleibt. In diesem Fall wurde sie aus Leverkusen nach Lindlar gebracht und nach der Sortierung zu jenem 100 Meter hohen Aschekegel aufgeschüttet, auf dessen Aussichtsplattform man nicht nur den Blick in die Ferne schweifen lassen kann. Per Rutschbahn lässt sich zudem wieder schneller nach unten kommen als über die Treppe. Es sei denn, es regnet, dann wird die Rutschbahn aus Sicherheitsgründen gesperrt.

Von Anfang der 1980er Jahre an war die Zentraldeponie Leppe der Endlagerort des Abfalls aus dem Oberbergischen und Rheinisch-Bergischen Kreis. Eine Zäsur bedeutete das Jahresende 2004, denn von da an durfte Müll nicht mehr einfach frei gelagert werden. Was früher relativ bedenkenlos in die Landschaft gekippt wurde, bedurfte nun einer sorgfältigeren Behandlung. Damit wurde der Startschuss für das Projekt »:metabolon« gegeben. Das Wort lehnt sich dem Begriff Metabolismus an und bezieht sich auf die chemischen Prozesse beim Stoffwechsel. Die Erkenntnisse über die Stoffumwandlung innerhalb des »Organismus Müll« machen Leppe zu einem europaweit führenden Entsorgungszentrum. Als »Gläserne Deponie« ist es ein Ort für Entsorgung, aber auch für Forschung, Lernen und Kompetenzschärfung. Vorhandenes Wissen wird hier integriert und weiterentwickelt. Ein Ort, der Umwelttechnologien von morgen vorbereitet.

Diese Ziele rücken das Image der Mülldeponie als Pfui-Ort gerade. Zumal sich hier hervorragend freie Zeit verbringen lässt, denn ein Teil des Geländes wurde allein dafür umgebaut.

Sportarten wie Mountainbiking oder Gleitschirmfliegen sind durch die Weitläufigkeit und Hangneigung des Geländes gut möglich. Die schon erwähnte Doppelrutsche ist mit 110 Metern die längste Deutschlands.

Adresse Entsorgungszentrum Leppe, Am Berkebach, 51789 Lindlar (für Navigationsgeräte: Remshagener Straße) | ÖPNV Taxibus 331, Haltestelle Lindlar, Am Weiher | Pkw A 4, Ausfahrt Engelskirchen, Richtung Ründeroth, links abbiegen auf L 302, nach 3 Kilometern links abbiegen auf Remshagener Straße / K 19, links abbiegen auf Remshagener Straße, kurz darauf 1. Straße rechts nehmen, um auf Remshagener Straße zu bleiben | Öffnungszeiten Standort: Mo – Fr 7.30 Uhr – Einbruch der Dunkelheit, Sa, So 10 Uhr – Einbruch der Dunkelheit; Bistro: Mai – Okt. täglich 11 – 17 Uhr, Nov. – April Mo – Fr 11 – 14 Uhr; Bergisches Energiekompetenzzentrum: Mo – Fr 10 – 17 Uhr, Sa 10 – 17 Uhr, So, Feiertage 11 – 17 Uhr; Rutsche bei trockener Witterung: Sa, So 14 – 18 Uhr, Kinder ab 8 Jahren und nur in Begleitung eines Erwachsenen | Tipp In und um Lindlar kann man die Gegend im Planwagen erkunden, Informationen unter Tel. 02269 / 252.

34_Die Naafer Mühle

So schnell kam das Wasser dann doch nicht

Jedes der wenigen Gebäude im Naafbachtal zeugt vom Vertrauen seines Besitzers darauf, dass nichts so heiß gegessen wird wie gekocht. Die Naafer Mühle etwa steht noch. Ihre Besitzer seit den 1930er Jahren müssen sich sicher gewesen sein, die Welt ändert sich nicht so schnell, selbst wenn es seit dieser Zeit immer wieder hieß, im Tal könne eine Trinkwassertalsperre gebaut werden. Die Mühle war schon im Jahr 1715 als »Nofmühl« in der Karte des Amtes Blankenberg eingezeichnet. Als Teil des bereits im 16. Jahrhundert urkundlich genannten Ortes Naaf wird sie vermutlich sogar wesentlich älter gewesen sein. Was heute von der Naafer Mühle sichtbar ist, wurde allerdings wesentlich später gebaut. Das erhaltene Mühlengebäude, der rechte Teil der Fachwerkhofanlage, ist um 1800 errichtet worden. Das nordöstlich angebaute Wohngebäude wurde 40 Jahre später aufgeschlagen. Die Mühle hat natürlich wie so viele andere auch längst ihre ursprüngliche Funktion eingebüßt und dient heute als Stätte für ein soziales Wohnprojekt.

Wenn auch die Mühle nur für eine kleine Zahl von Menschen zugänglich ist, so gilt das nicht für das Naafbachtal insgesamt. Hier laufen Wanderer nun auf dem Grund des schon oft und immer wieder gedachten Stausees. Den groben ersten Planungen folgten in den 1970er Jahren sehr viel konkretere Überlegungen zum Talsperrenbau. Und tatsächlich wurden schon erste Gebäude aufgekauft und abgerissen, der Mühlenbetrieb war schon sehr viel länger aufgegeben worden.

1982 tat sich eine Bürgerinitiative zum Erhalt des Naafbachtals zusammen, und wenig später wurde das Gebiet unter Naturschutz gestellt. Das wenige noch verbliebene vom Menschen Gebaute genießt Denkmalschutz. Auf diese Weise sind Bach und Aue zum Biotop geworden. Es ist eine eigentümliche Begebenheit, dass die Unberührtheit dieses Naturschutzraums gerade deshalb zustande kam, weil er bedroht war.

Adresse Kreuznaaf, Ecke Bonner Straße, 53797 Lohmar (möglicher Start des Weges ins Naafbachtal) | **ÖPNV** Bus 557, Haltestelle Kreuznaaf | **Pkw** A 3, Ausfahrt Rösrath, Richtung Lohmar-Nord fahren, rechts abbiegen auf Sülztalstraße / L 288, nach knapp 4 Kilometern geradeaus auf L 84, weiter auf L 288, dann links auf B 484, nach 2,5 Kilometern rechts abbiegen auf Bonner Straße / K 34, dann links abbiegen auf Kreuznaaf | **Tipp** Im nahen Weiler Ingersauel stehen mehrere Fachwerkhäuser und Hofanlagen, die als Baudenkmäler einen Eindruck vom Wohnen in der Vergangenheit geben.

35 Das Chorgestühl von St. Mariä Heimsuchung

Schöner sitzen, bequemer stehen

Schon früh baute man Chorgestühle, um die Geistlichen bei ihren stundenlangen Gebeten und Gottesdiensten zu entlasten. Auch sie waren nicht vor körperlichen Einschränkungen gefeit. Im Chorraum reihten sich die Sitze auf, damit – ganz weltlich betrachtet – Beine und Füße hin und wieder geschont werden konnten. Von der Mitte des 12. Jahrhunderts an, ab der Gotik, wurde begonnen, das Chorgestühl auch für künstlerische Darstellungen zu nutzen.

Als jenes Chorgestühl in der kleinen Wallfahrtskirche St. Mariä Heimsuchung gestaltet wurde, neigte sich die Epoche ihrem Ende entgegen. Nicht nur deshalb macht es einen besonders aufwendig gestalteten Eindruck. Auch sonst ist diese Hallenkirche nämlich reich an Ausstattung, mit dem prächtigen Marienaltar samt mittelalterlichem Bildnis, der verzierten Kanzel, den Malereien und eben dem zweiteiligen Chorgestühl mit seinen gegenüberliegenden acht Sitzen. Das System war funktional und durchdacht: Die klappbaren Sitzflächen erleichtern den Übergang vom Sitzen zum Aufstehen. Unterhalb der Sitzflächen sind zudem Konsolstücke montiert. Sie werden Miserikordien genannt, nach dem lateinischen Wort für Barmherzigkeit. Sind die Sitze nämlich hochgeklappt, sorgen diese Stützbretter immer noch für ein einigermaßen komfortables Stehen.

Für die ornamentalen Schnitzereien verwendete der Holzkünstler Ranken und Blätter ebenso wie verschiedene Bänder, die sich zu abstrakt wirkenden geometrischen Formen fügen. Demgegenüber stehen die figürlichen Darstellungen: Petrus und Christus selbstverständlich, Heilige und Mönche sowie traditionsgemäß auch die Stifter. An diesen Darstellungen lässt sich im Übrigen sogar die Kleidung des Mittelalters studieren. Wofür sich der dem Weltlichen zugeneigte Besucher wahrscheinlich mehr begeistern wird als die zum Marienbildnis wallfahrenden Gläubigen.

Adresse Klosterstraße 6, 51709 Marienheide | ÖPNV Bus 336, Haltestelle Marienheide Rathaus | Pkw A 4, Ausfahrt Engelskirchen, Richtung Ründeroth, auf L 302, nach rund 5 Kilometern weiter auf L 306, anschließend links auf Wegescheidstraße / L 307, nach 1 Kilometer rechts auf Leppestraße / L 97, links auf Hauptstraße / B 256, im Kreisverkehr 1. Ausfahrt (Am Krüenberg) nehmen, weiter auf Klosterstraße | Öffnungszeiten in der Regel 8 – 19 Uhr | Tipp Das Schloss Grimborn, dessen Ursprünge weit bis ins Mittelalter zurückgehen, ist das einzige Schloss im Oberbergischen Kreis, das von seinem adligen Besitzer, Peter Freiherr von Fürstenberg, noch bewohnt wird.

36__Der Heilteich

Warum Wasser heil bleiben sollte

Wenn Urlauber heute mit dem Flugzeug ihre Reise zum Fernziel antreten, haben sie sich oft auch für Wellness und Klimatherapie am Ankunftsort entschieden. Es gab gleichwohl Zeiten, als kaum jemand solch weite Wege problemlos zurücklegen konnte, weil weite Reisen, egal, mit welchen Fortbewegungsmitteln, für die meisten Menschen kaum zu finanzieren waren.

In jenen Zeiten hieß, was heute als Wellnessprogramm angepriesen wird, noch Wassertreten, Gymnastik und Spaziergang. Diese Vergangenheit des Urlaubs war auch eine große Zeit der kleinen Gemeinde Marienheide im Oberbergischen. Sie wurde zum anerkannten »Luftkurort« erklärt. Klare Luft und ein angenehmes Klima – beides zog Menschen insbesondere aus dem Ruhrgebiet an, daher galt Marienheide dort als beliebtes Ziel, um in die Sommerfrische einzutauchen. Noch heute verteilt sich die Marienheider Bevölkerung auf mehr als 50 Dörfer rund um die Ortsmitte. Schon allein das verhieß Erholung für den Großstädter.

In den Zeiten des Massentourismus wuchs die Konkurrenz. Um das Urlaubsziel attraktiv zu halten, wurde in den 1970er Jahren ein Kurpark angelegt, rund um ein altes Gewässer mit besonderer Geschichte: den sogenannten Heilteich. Seit jeher wurde versucht, das Wasser des Teichs möglichst unverschmutzt zu lassen. Deshalb durfte hier beispielsweise keine Wäsche gewaschen werden. So blieb das Wasser »heil« oder auch »heilig«. Was für die Feriengäste so vielversprechend klang, hieß kurzfristig auch einmal Miebachs Teich, bedingt durch die Lage hinter dem Haus Miebach.

Der attraktivere Name hat sich gehalten, auch wenn Trinkwasser nun besser aus anderen Quellen genommen wird. Gänse schwimmen auf dem kleinen See im Park, der immer noch für den kurzen Spaziergang genutzt wird. Mancher fernreisende Tourist der Gegenwart wird aber vielleicht über die Anspruchslosigkeit seiner Großeltern ins Grübeln kommen.

Adresse Landwehrstraße, 51709 Marienheide | **ÖPNV** Regionalbahn RB 25, Bahnhof Marienheide | **Pkw** A 4, Ausfahrt Engelskirchen, Richtung Ründeroth fahren, nach 500 Metern links abbiegen auf L 302, nach rund 5 Kilometern weiter auf L 306, links abbiegen auf Wegescheidstraße / L 307, rechts auf Leppestraße / L 97 und dort bleiben, rechts auf die Landwehrstraße | **Tipp** Die ursprünglich romanische Kirche in Müllenbach ist ein Beispiel für eine Wehrkirche, in die die Menschen bei Gefahr flüchten konnten.

37__Der Unnenberg

Am höchsten Punkt – irgendwie

Höher geht es im Bergischen Land nicht, auch wenn nur Menschenwerk diese Hochlage ermöglicht. Der Unnenberg mit seinen 506 Metern ist nämlich nach dem 519 Meter hohen Hommert nur der zweithöchste Berg der Region. Doch hier verhilft der 2001 eröffnete Aussichtsturm zu knapp 32 Metern mehr an Höhe, wenn erst einmal die 172 Stufen erklommen sind und man auf der Aussichtsplattform angekommen ist. Zuvor muss man natürlich erst einmal zum Turm gelangen, denn auch wenn das Plateau schon von Weitem zu erkennen ist, beim Weg durch das Waldgebiet verliert man das Ziel immer wieder für kurze Zeit aus den Augen.

Der Gipfel sowie der Westhang des Unnenbergs gehören zu Marienheide, der Osthang befindet sich in Teilen auf Gummersbacher Gebiet, wo auch das Dorf mit dem entsprechenden Namen zum Berg entstand. Der Berg selbst war einst Teil einer Hochebene. Weil auch er aus Grauwackengestein besteht, den im Bergischen so oft vorkommenden Überresten des devonischen Meeres, trotzte er im Gegensatz zu seiner Umgebung der Erosion. Auf dem Gipfel hatte schon im Jahr 1934 ein ausrangierter Hochspannungsmast aus dem Siegerland als begehbarer Aussichtsturm gestanden. Von 22 Metern Höhe aus konnte man damals den guten Ausblick genießen. Seit 2001 verhilft der neue Turm mit weiteren Höhenmetern zu noch größerer Weitsicht.

Wenn die Wetterlage günstig ist, blickt man nicht nur zum Siebengebirge, in die Hocheifel oder zum Hochsauerland hinüber, sondern erkennt auch Bauwerke wie den Colonius und den Kölner Dom, das Heizkraftwerk in Dortmund oder den Rhein-Weser-Turm auf dem Rothaargebirge am entfernten Horizont. Hier lässt sich das gesamte Bergische Land vom nördlichen Langenberg bis zum südlichen Windeck im Blick behalten. Sollte man nicht so großes Glück mit der Wetterlage haben, bleibt auf jeden Fall die Aussicht auf das Gebiet um die Genkel- und die Aggertalsperre.

Adresse Unnenberger Straße, 51709 Marienheide | **Pkw** A 4, Ausfahrt Gummersbach, auf B 56 in Richtung Wiehl / Marienheide / Nümbrecht, rechts abbiegen auf B 256, nach circa 2,5 Kilometern rechts halten auf L 306, nach 1,5 Kilometern rechts auf Unnenberger Straße / L 337 | **Öffnungszeiten** bis zum Einbruch der Dämmerung | **Tipp** Das älteste Oberbergische Bauernhaus von 1586 ist heute ein Museum: Im Haus Dahl werden Leben und Arbeit der Landbevölkerung im 19. Jahrhundert gezeigt.

38 Die Wupperquelle

Wo was herkommt, muss auffindbar sein

Mancher Wanderer will es eben genau wissen, und wenn die Auswahl unübersichtlich ist, hilft schon mal ein Stein mit dem Hinweis »Wupperquelle« fürs Erste weiter. Zudem trifft es sich ganz gut, dass, im Gegensatz zu dem außerhalb des Dorfs gelegenen Naturschutzgebiet mit den weit über 30 anderen Quellen der Wupper, just an dieser Stelle nebenan ein Lokal gleichen Namens die Möglichkeit bietet, einzukehren. So verbinden sich touristische Belange und Naturschutzgedanken aufs Vortrefflichste. Als eine Art Primus inter Pares verspricht diese eine zum Teich verwandelte Quelle jedem, der hierherkommt, am Ursprung des 116 Kilometer langen Flusses gestanden zu haben. Den Rest aufzusuchen, wäre ein Wandern über je nach Wetterlage sumpfige Wiesenwege am übrigen Quellgebiet vorbei. Abgesperrt ist es zwar nicht, doch wird gebeten, die Hochmoorlage nicht zu betreten.

Zu besagter Genauigkeit gehört aber auch die Erwähnung, dass die Wupper von hier bis an den Rand von Wipperfürth eigentlich noch Wipper heißt, so wie der gesamte Fluss bis etwa 1700. Erst ab dann scheint sich der Name Wupper durchgesetzt zu haben, vermuten die Heimatforscher. Warum das auf den ersten Kilometern Flusslauf nicht geschah, muss an dieser Stelle offenbleiben. Die dialektale Erklärung ließe jedenfalls anderes erwarten. In Börlinghausen, an der Grenze zum Sauerland gelegen, wird der Vokal im einst oft »wyper« geschriebenen Fluss wohl eher dem westfälischen Laut »u« nahegekommen sein als dem rheinischen »i«. Betrachtet man alle historischen Karten, hatten sogar Wepper und Wopper Chancen, als Namen tradiert zu werden. Was ein dann mögliches »Woppertal« in der Gegenwart vielleicht zur europäischen Zentrale der zweiten großen amerikanischen Hamburgerkette hätte werden lassen. Die Chance ist verpasst. Was man den »Wupper« sagenden Flussanrainern der Vergangenheit aber auch nicht wirklich vorwerfen kann.

Adresse Zur Wupperquelle 36, 51709 Marienheide-Börlinghausen | ÖPNV Bus 320, Haltestelle Marienheide Holzwipper | Pkw A 4, Ausfahrt Gummersbach, auf B 56 in Richtung Wiehl/Marienheide/Nümbrecht und abbiegen auf B 256, nach circa 2,5 Kilometern rechts halten auf L 306, nach circa 3,5 Kilometern rechts abbiegen auf Zur Wupperquelle | Tipp In Meinerzhagen bietet die Brennerei Krugmann auch Besichtigung mit Verkostung an. (Siehe auch: 111 Orte in Südwestfalen, die man gesehen haben muss)

39 Das Bergische Drehorgelmuseum

Musikinstrumente spielen, ohne üben zu müssen

Ein paar Stuhlreihen sind in dem hinteren Teil des kleinen Saales aufgebaut. Wenn sich ein Besucher dorthin setzt, kann er seinen Blick auf eine orchesterförmig angeordnete Sammlung von Drehorgeln richten. In der Mitte steht eine Großorgel der Firma Gebrüder Bruder in Waldkirch aus dem Jahr 1926. Sie ist mit ihrer aufwendig gearbeiteten Verkleidung und Bemalung die auffälligste Drehorgel.

Der Bühneneindruck im Drehorgelmuseum kommt nicht von ungefähr. Hier ist ein Besuch immer auch mit Vortragskunst und Musikgenuss verbunden, sei es als beispielhaftes Anspielen von einigen der mehr als 170 Musikinstrumente oder als Moritatengesang von Dr. Ullrich Wimmer, der seit den 1970er Jahren diese Sammlung nach und nach aufbaute.

Drehorgeln kennen die meisten als Instrumente von Straßenmusikern. Seit Beginn des 18. Jahrhunderts werden sie gebaut. Dass sie zudem auch als eine Art CD-Player der Vergangenheit in Salons und Kirchen genutzt wurden, wissen schon weniger Menschen. In der Hinsicht war die kleine, einstmals evangelische Kirche ein besonders geeigneter Ort, um einen Ausstellungsraum für die Privatsammlung einzurichten. Seit 2008 haben die Drehorgeln, Spieldosen, Musikuhren und Selbstspielklaviere hier ihren festen Ort.

Ullrich Wimmer möchte aber mehr als nur das Betrachten von leblosen Gegenständen ermöglichen. Seinen Besuchern erzählt er mit den Musikbeispielen auch von der Vergangenheit der mechanischen Instrumente, und oft weist das über die Musikhistorie hinaus. So gibt es in der Sammlung eine mechanische Klavierspielerin aus den Anfängen des 19. Jahrhunderts. Ihr wurden seinerzeit die Hände abgeschlagen. Denn Teufelswerk war das, was die Figur vollbrachte. Die künstlich geschaffene Wirklichkeit war zu bedrohlich für das Selbstbild der Menschen.

Adresse Kapellenweg 2–4, 51709 Marienheide-Kempershöhe | **ÖPNV** Bus 339, Haltestelle Kempershöhe | **Pkw** A 4, Ausfahrt Gummersbach, Richtung Gummersbach über B 56, anschließend B 256 bis Marienheide, in der Ortsmitte links abbiegen auf Leppestraße/L 97 und sofort wieder rechts auf Schaarder Straße/K 18, nach circa 2,7 Kilometern links abbiegen und sofort links auf Kapellenweg | **Öffnungszeiten** nach Vereinbarung, Tel. 02264/2013181 | **Tipp** Das um 1600 errichtete niederdeutsche Hallenhaus in Kempershöhe ist eines der ältesten des Bergischen Landes.

40 Das Bücherdorf

Wer stöbert, lernt auch von der Vergangenheit

Wie wenig Raum in früheren Zeiten die Menschen beanspruchten! So klein ist dieses mit Schiefer gedeckte Haus im bergischen Stil, und doch gab es in der ersten Hälfte des letzten Jahrhunderts unter seinem Dach ein Komplettangebot für sämtliche Bereiche des alltäglichen Bedarfs. Hier wirkte der Ortsvorsteher in einem Büro. Ein Arzt praktizierte im Nachbarraum. Im verandaartigen Seitenteil wurde den Arbeitern der Grauwacken-Steinbrüche der Lohn ausgezahlt. Vorn lagen im kleinen Laden »Kolonialwaren« aus. Was nur umschrieb, dass man dort alles bekam, was nicht selbst angebaut oder hergestellt wurde. Die Liste lässt sich mit Fuhrmannskneipe und Sonntagsschule fortsetzen.

Von 1999 an war hier lange das Haus der Geschichten beheimatet. Der 2015 verstorbene Schriftsteller Harry Böseke hatte es eingerichtet. Für ihn wurde das zu einem Anfang. Bald danach überzeugte Harry Böseke Antiquare, einen Teil ihres Angebots im Dorf zu präsentieren. Bücher und das Erzählen von oberbergischer Geschichte wurden Anlass zur regelmäßiger Begegnung.

Auch für seine Bücher sammelt Harry Böseke Erfahrungen und Erinnerungen der Einheimischen, die über das einzelne Leben hinauswiesen. So konnte er den Alltag der Region wieder lebendig machen. Geschichte von unten erzählen und kulturelle Wurzeln der Gegenwart aufzeigen, darum ging es Harry Böseke mit seinen vielen Projekten. Er wurde zu einem der kulturellen Motoren der Region und legte mit seinen industriegeschichtlichen Forschungen die Grundlagen zur Einrichtung der »Straße der Arbeit«.

Das Haus der Geschichten ist nun selbst Geschichte, doch das Bücherdorf Müllenbach lebt weiter. Das Stöbern in Antiquariatsregalen und Bücherkisten hat Bestand. Jeweils am ersten und dritten Wochenende im Monat öffnen der »Leseladen«, Kollegen und auch Privatleute ihre Türen. Unter einem thematischen Schwerpunkt werden dann jeweils besondere Bücher vorgestellt.

Adresse Graf-Albert-Straße, 51709 Marienheide | ÖPNV Bus 336, Haltestelle Müllenbach | Pkw A 4, Ausfahrt Gummersbach, Richtung Gummersbach / Marienheide auf B 56 fahren, die in B 256 übergeht, nach Kotthauserhöhe rechts halten auf L 306, nach circa 1,1 Kilometern im Kreisverkehr erste Ausfahrt Graf-Albert-Straße nehmen | Öffnungszeiten in der Regel an jedem 1. und 3. Wochenende im Monat. Das Haus der Geschichten ist nicht mehr zugänglich. | Tipp In Müllenbach befindet sich eine der »Bonten Kerken« des Oberbergischen. Im 12. Jahrhundert als Wehrkirche erbaut, wurde sie bis zum Spätmittelalter mehrmals erweitert.

41 Der Rabenstein

Letzte Impression einer wilden Landschaft

Das Neandertal entlang der Düssel ist nicht mehr, was es einmal war: eine geheimnisvolle, imposante Schlucht nämlich – rund 50 Meter tief, einen Kilometer lang, sehr eng, mit Wasserläufen und beeindruckenden Steinformationen. Einen letzten Eindruck davon liefert lediglich der sogenannte Rabenstein, ein Relikt aus dem »Gesteins«, wie das Neandertal früher hieß.

Ende des 19. Jahrhunderts, im Zuge von Steinbrucharbeiten und Sprengungen, stürzte diese Wand in sich zusammen, und nur noch ein Stumpf – eben der Rabenstein – erinnert an die einst so mächtige und erhabene Landschaft, die auch die Künstler der Düsseldorfer Malerschule inspirierte. Das Neandertal ist eben nicht nur Fundort des weltberühmt gewordenen Urzeitmenschen, dessen Knochenreste durch einen Zufall 1856 unweit des Rabensteins entdeckt wurden. Eine Tafel am Fels, erstmals 1926 aufgestellt und später erneuert, dient dem Gedenken an den Fund.

Darüber hinaus zeigt dieses Tal, was durch den Hunger nach Rohstoffen während der Industrialisierung aus ganzen Landstrichen wurde. Zwar hatte man schon vor mehreren 100 Jahren damit begonnen, sich am Kalksteinvorkommen im Gesteins zu bedienen. Die großen Eingriffe in die Natur aber erfolgten erst ab circa 1850, als Kalk etwa für die Stahl- und Kohleindustrie des Ruhrgebiets abgebaut wurde.

Dass das Neandertal zur gleichen Zeit ein beliebtes Ziel von Reisenden war, dokumentieren die Wanderführer aus dem 19. Jahrhundert, die die besonders reizvolle Aussicht vom Felsplateau des Rabensteins rühmen – damals noch recht wenig durch den Kalkabbau beeinträchtigt. Neben der Höhe und dem Blick in die Schlucht trug wahrscheinlich auch schon damals die Sage vom Raubritter Veit zum wohligen Schauer der Ausflügler bei. Dieser Dieb soll den Rabenstein einst zum Ausspähen von Wanderern und vorbeiziehenden Händlern genutzt haben, die er überfiel und bestahl.

Adresse Neanderthal Museum, Talstraße 300, 40822 Mettmann | ÖPNV S-Bahn S28, Haltestelle Neanderthal, oder S-Bahn S8, Haltestelle Hochdahl | Pkw A 46, Ausfahrt Hilden, ab dort Ausschilderung »Neandertal« folgen, A 3, Ausfahrt Mettmann, Richtung Mettmann, ab dort Ausschilderung »Neandertal« beziehungsweise »Neanderthal Museum« folgen | Öffnungszeiten Museum: Di – So 10 – 18 Uhr, Fundstelle: März – Okt. Di – So 10 – 17 Uhr, Nov. – Feb. 10 – 16 Uhr | Tipp Neben dem Museum Neanderthal befindet sich zudem der Skulpturenweg »MenschenSpuren«, der sich mit dem Verhältnis Mensch – Natur auseinandersetzt.

42 Der Aussichtsturm Jähhardt

Wie aus ein paar Einwohnern eine Republik wird

Morsbach ist die südöstlichste Gemeinde des Oberbergischen Landes. Wiederum am südlichen Ende von Morsbach liegt die auch unter Paragleitern bekannte Hohe Hardt oder Jähhardt, wo man schon 1936 einen ersten Holzaussichtsturm errichtete. Seit 1962 steht hier nun ein 35 Meter hoher Aussichtsturm, von dem man nicht nur Teile des Bergischen Landes, des Sauer- und Siegerlandes überblickt, sondern auch zum Westerwald hinüberschaut – und damit bis nach Rheinland-Pfalz. Eine Gemeinde in Randlage.

Nach dem Zweiten Weltkrieg ergab sich durch diese Topographie eine besondere Situation: Mehr als die Hälfte der Gemeindegrenze von Morsbach war damals zugleich die Grenze zwischen der englischen und der französischen Besatzungszone. Es war deshalb nicht unbedingt leicht für die Bewohner, die Außenwelt zu erreichen. Bahnverbindungen waren unterbrochen, Landstraßen beschädigt. Die Morsbacher hatten zum Beispiel kaum mehr die Möglichkeit, in die Ortschaften Wissen oder Friesenhagen zu kommen, obwohl hier schon immer eine enge Verbundenheit geherrscht hatte.

Diese Isolation und das Bewusstsein der Eigenständigkeit war einer der Gründe für den Beinamen, den die Gemeinde noch heute trägt: Republik Morsbach. Sie galt damals als sehr arm und war so zum Notstandsgebiet erklärt worden. Als der Kommandant der britischen Besatzungstruppen die Morsbacher kritisierte, die gegen die bestehenden Vorschriften verstießen, entgegnete ihm der erste Nachkriegslandrat des Oberbergischen Kreises: »Lassen Sie die Leute. Das hier ist sowieso eine Republik für sich!«

Der Ausspruch blieb haften. So kreierte der Heimatverein Morsbach im Jahr 1977 sogar einen Aufkleber für die Windschutzscheibe mit der Aufschrift »Republik Morsbach«. Auch sonst wird den Einwohnern von Morsbach eine gewisse Sonderstellung in der Region nachgesagt. Ein weiterer Beiname lautet nämlich: »Bayern des Oberbergischen«.

Adresse Zum Aussichtsturm, 51597 Morsbach, vom Autowandererparkplatz in Morsbach über gekennzeichneten Wanderweg (A1, 4,8 Kilometer) | Pkw A 4, Ausfahrt Reichshof/ Bergneustadt, dann immer dem Hinweisschild »Morsbach« folgen, bis zum Autowanderparkplatz hinter dem Rathaus | Öffnungszeiten tagsüber geöffnet | Tipp Rund um Morsbach gibt es einen »Kapellenkranz« mit insgesamt sechs Kapellen aus unterschiedlichen Epochen, den man erwandern kann.

43 Der Rähn-Willem-Brunnen

Merkwürdige Gestalten stehen im Dorf

Ein kurioses Brunnenensemble steht da auf dem Rathausplatz in Morsbach, schräg gegenüber vom Eiscafé. Es spielt mit dem Ruf der Gemeinde, besonders frohsinnig zu sein. Schon seit Langem ist Morsbach eine Karnevalshochburg im Kleinen. Auch in Zeiten der Reformation katholisch geblieben, jeck und entsprechend feierfreudig – das hat in den protestantisch gewordenen Nachbarorten an der Wende zum 20. Jahrhundert durchaus irritiert.

Dieses Lebensgefühl sollte die Gestaltung der Brunnen im Ort berücksichtigen, von denen einer an den Morsbacher Wilhelm Eiteneuer erinnert, der von 1840 bis 1917 hier lebte. Wirklich bekannt war er über die Grenzen der Gemeinde hinaus unter dem Namen Rähn-Willem. Als Bronzeskulptur steht er nun in der Brunnenformation, begleitet von drei ebenfalls bronzenen Schweinen. Durch seine ständige Schlechtwetter-Prophezeiung »Et gitt Rähn«, mit der er jeden Satz enden ließ, erlangte der in eigentümlicher Kleidung von Dorf zu Dorf ziehende Mann seinen Spitznamen. Die Schweine erinnern an die heimischen Viehmärkte um 1866. Die Bronzeskulptur ist der Abguss einer Holzfigur, die Ende der 1920er Jahre der Waldbröler Kaufmann Walter Schlösser als Werbemittel in seinem Hauswarenladen aufgestellt hatte. Im Jahr 1973 schließlich schenkte das Geschäft der Gemeinde Morsbach die Skulptur, die bis heute im Morsbacher Rathaus steht. Der Bronzeabguss entstand 1983.

Damit erschöpft sich nicht das Thema Morsbach und merkwürdige Brunnen. Der Koboldbrunnen, das hiesige »Männeken Pis«, ganz in der Nähe ist schließlich auch noch da. Gezeigt werden zwei rastende Wanderer, von kleinen Kobolden geärgert: durch Spritzen, Klauen oder eben, indem sich einer als »Männeken Pis« ans Becken stellt. Vor dem Brunnen liegen Münzen, die fest auf dem Bodenpflaster haften. Zu Scherzen aufgelegt, das sind die Morsbacher wohl.

Adresse Bahnhofstraße 2, 51597 Morsbach | **ÖPNV** Bus 341, Haltestelle Morsbach Busbahnhof | **Pkw** A 4, Ausfahrt Reichshof/Bergneustadt, dann immer dem Hinweisschild »Morsbach« folgen, bis zum Autowanderparkplatz hinter dem Rathaus | **Tipp** Hinter dem Morsbacher Rathaus liegt seit 2012 der Startpunkt eines besonders familienfreundlichen Wanderwegs (für Kinderwagen geeignet) zum Thema Bäume.

44 Das andere Rom

Klein mit großem Namen

Rom liegt etwas abseits. Das gilt zumindest für das Bergische Land. Kein Beleg findet sich, dass dieser Ortsname etwas mit den Römern zu tun hat. Die Heimatforscher meinen, den Bergbau erklärend hinzuziehen zu können. Für Metall und Erze seien »rome« oder »rame« alte Ausdrücke gewesen. Die Bergbautradition gibt es, doch ebenso den Hinweis vom Namenskundler auf das »Rom« in Gewässernamen und den Niederrhein, wo unter »rom« die feuchte Niederung verstanden wird.

Wo der Name letztlich auch herkommt, die Ansiedlung »Room« taucht bereits in der Mercatorkarte von 1575 auf. Im 18. Jahrhundert existierte hier gemäß alter Quellen lediglich eine einzige Feuerstelle, die auf nur eine Handvoll Bewohner verweist. Dabei wurde zu der Zeit schon lange Eisenerz abgebaut, sodass mit der Schließung der Gruben in den 1920er Jahren eine mehr als 600 Jahre andauernde Tradition zu Ende ging. Zu Hochphasen im ausgehenden 19. Jahrhundert lebten mehr als 140 Bergleute in der Gemeinde Morsbach. Der Magdalenenstollen etwa war über 2.000 Meter lang.

Das Spiel mit dem Ortsnamen begann in der jüngsten Vergangenheit. Es gibt einen »Trevi-Brunnen« bei der St.-Heinrich-Kapelle und den Aeroporto seit den 1990er Jahren, einen Hubschrauberlandeplatz mit Ampelanlage. So ein Ortsname verhilft aber nicht nur ins Buch, sondern auch ins Fernsehen. 1985 traten alle Bewohner in der TV-Show »Die verflixte Sieben« mit Rudi Carrell auf. Reisen und Junggesellenabschiede mit dem Ziel Rom wurden schon verschenkt – die ins Oberbergische führten. Seit 2008 kann man hier auch heiraten. Im Stammbuch steht dann »Rom«. Und als Kurt Brumme, legendärer WDR-Sportreporter, in den 1980er Jahren wettete, er laufe bis nach Rom, sollte Arminia Bielefeld nicht absteigen, hatte er Glück: Er verlor, bekam jedoch den Tipp, dass es ein Rom auch in Morsbach gibt. Damit sparte er 1.500 Kilometer Fußmarsch.

Adresse Rom, 51597 Morsbach-Rom | Pkw A 4, Ausfahrt Reichshof / Bergneustadt, auf B 256 in Richtung Reichshof-Denklingen / Waldbröl / Morsbach, nach 2,5 Kilometern weiter auf L 344, dann rechts abbiegen auf Odenspieler Straße / L 324, links Auf der Flöte, links Auf dem Pol, rechts auf Bergstraße bis Rom | Tipp Die katholische Pfarrkirche »St. Gertrud« in Morsbach ist als staufisch-romanische Emporenbasilika seit dem 12. / 13. Jahrhundert weitgehend unverändert geblieben.

45_Die Germanakapelle

One-Hit-Wonder

Ein Feldweg führt von der Landstraße hoch auf den Werschberg. Er gehört zum Wanderwegenetz der Gemeinde Much, wo, wie andernorts auch, versucht wurde, altbekannten Wegen einen neuen Namen zu geben, »Lyrikweg« heißt er jetzt, um das Interesse von Ausflüglern und Urlaubern zu wecken. Am Rande dieses Weges befindet sich die Germanakapelle.

Sie ist im Kölner Bistum die einzige Kapelle, die der heiligen Germana gewidmet ist. Wirklich populär wurde die 1579 bei Toulouse geborene und 1601 nach einem armutsvollen Leben gestorbene Französin trotz ihrer Heiligsprechung im Jahr 1867 also nicht. 20 Jahre nach der Heiligsprechung kam die Erweiterung der schon 1710 gebauten Kapelle aber noch zur rechten Zeit, um daran zu denken, dass die fromme Germaine Patronin der Hirten ist. Nichts anderes als Schafe hüten war ihr von der Stiefmutter nämlich erlaubt worden. Wobei sie das wenige, was sie hatte, noch teilte. Da auch für viele Mädchen in Much die Haupttätigkeit das Viehhüten war, bot sich für den damaligen Pfarrer Adams die heilige Germana mit ihrer Mildtätigkeit als Patronin an. Triftiger Grund und zeitbedingte Aufmerksamkeit kamen also gut zusammen, um ihr die umgebaute Kapelle zu widmen.

Noch heute ist die Kapelle Ziel einer jährlichen Dreifaltigkeitsprozession, die in Much ihren Anfang nimmt. Der Lyrikweg aber ist mehr als alter Wein in neuen Schläuchen. Zwölf Tafeln mit der Naturlyrik des heute in Much lebenden, gebürtigen Westfalen Arnold Leifert säumen ihn, und jedes der Gedichte spiegelt die Landschaft sowie das Leben in und mit ihr im Wechsel der Jahreszeiten. Diese Poesie-Erfahrung braucht Muße. Das Tempo eines zielstrebigen Wanderns kann dem in die Quere kommen. In Ruhe gelesen aber, die Worte klingen lassend, kombiniert mit den Naturgeräuschen im Wald, bekommt das Wort Synästhesie eine ganz eigene Bedeutung.

Adresse Werschtalstraße, 53804 Much (Wanderweg zur Kapelle kreuzt hier) | **Pkw** A 4, Ausfahrt Overath, auf B 55 Richtung Much fahren, dann links abbiegen auf Mucher Straße/L 312, Bundesstraße folgen, nach Much wird sie zur Werschtalstraße, dort nach dem Waldstück in den ersten Feldweg links und wieder links | **Öffnungszeiten** durchgehend | **Tipp** Die katholische Pfarrkirche St. Martinus mit einer Schädelreliquie des heiligen Theodor befindet sich im historischen Ortskern. Der Bau geht auf das 12. Jahrhundert zurück.

46 Die Lambachpumpe

Selbst pumpt die Gemeinde

Fünf Jahre nach Inbetriebnahme der Wahnbachtalsperre begann 1963 in Neunkirchen-Seelscheid die Verlegung des öffentlichen Trinkwasserleitungsnetzes. Damit wurde die Gemeinde an das überregionale Versorgungssystem angeschlossen. Bis dahin hatte ein Wasserleitungsverein die Versorgung des Orts verantwortet. Die äußeren Anzeichen dafür waren ein Wasserturm und nicht zuletzt das Pumpwerk. Neunkirchen-Seelscheid unterschied sich da nicht von vielen anderen kleineren Gemeinden des Bergischen Landes. Denn auch wenn die Region zu den niederschlagsreichsten Gebieten Deutschlands zählt, das Wasser eines Flusses fließt davon. Solange es kaum Talsperren gab, wurden Lösungen vor Ort gesucht, das Wasser zu sammeln und dorthin zu bringen, wo es gebraucht wurde.

Als Anfang der 1990er Jahre das Betriebsgebäude des Wasserwerks abgerissen wurde, wussten Mitarbeiter um den Wert der Lambachpumpe in dem Gebäude. Sie wurde geborgen, restauriert und steht seitdem als technisches Denkmal in der Nähe des ehemaligen Standorts. Entwickelt wurde diese Pumpe in den 1880er Jahren im Oberbergischen, in Marienheide, von Gottfried Lambach. Er selbst nannte sie »Wassersäulenmaschine«, und sie löste das im Bergischen dann doch nicht seltene Problem, Wasser in hoch gelegene Ortschaften zu bringen. Der statische Druck in einem Bach genügte, um sie anzutreiben. Weitere Energie war nicht nötig. Wäre die Pumpe ein Auto, gäbe es Geschichten um ihren legendären Erfolg, und jeder wüsste, wie sie aussieht. Fachleute immerhin sind heute noch beeindruckt von der Eleganz der technischen Lösung und der Qualität ihrer Verarbeitung. Langlebig und nahezu wartungsfrei, ermöglichte sie in unzähligen ländlichen Gemeinden die Wasserversorgung. Sie schuf dort Lebensqualität und ist daher sicher gerade in kleinen Orten eher ein Begriff als in den Städten, wo fließendes Wasser im Haushalt schon früh selbstverständlich war.

Adresse Ohlenhohnstraße 21a, 53819 Neunkirchen-Seelscheid | **ÖPNV** Bus 578, Haltestelle Dahler Hof | **Pkw** A 3, Ausfahrt Rösrath, Richtung Lohmar-Nord auf L 288 fahren, in Neunkirchen links abbiegen auf Hauptstraße / L 352, dann rechts auf Ohlenhohnstraße | **Tipp** In St. Margaretha in Neunkirchen-Seelscheid, einer alten Pfarrkirche, befinden sich Decken- und Wandmalereien aus dem ausgehenden 12. Jahrhundert.

47__Die Dicken Steine

Von geologischen Fakten und bedrohlichen Frauen

Wandert man rund um Schloss Homburg, stößt man nicht weit entfernt auf eine Steinformation, die hier die »Dicken Steine« genannt wird. So unvermittelt ragen sie aus dem Boden, dass sogar einst vermutet wurde, es handele sich um Meteoriten. Einmal mehr aber findet sich die Erklärung mit der Erdgeschichte in dieser Region. Quarzithärtlinge sind diese Steine und Zeugnisse des hiesigen Meeres vor etwa 350 Millionen Jahren. Das weichere Gestein drum herum ist einfach erodiert.

Für viele Nümbrechter Kinder wurden die Steine zum Abenteuerspielplatz, ungeachtet ihrer sehr viel länger zurückliegenden Nutzung als heidnische Kultstätte.

Als solche erinnern die Dicken Steine auch an Zeiten, für die ebenfalls der »Hexenweiher«, südlich vom Schloss beim Ortsteil Spreitgen gelegen, mit seinem Namen steht. Die Hexenverfolgung lässt sich für einige Orte im Bergischen Land nachweisen. Als Hexen bezichtigte Frauen starben am Galgen, auf dem Scheiterhaufen oder, wie man sich hier erzählte, im Weiher durch Ertränken. Die sogenannte Hexen- oder Wasserprobe sollte die Schuld der Betroffenen beweisen.

Dazu fesselte man Hände und Füße der Frauen und warf sie ins Wasser. Versuchte die Frau zu schwimmen, galt sie als schuldig und dem Teufel verfallen. Das Versinken bewies ihre Unschuld. Zu spät, denn fast immer ertranken die Opfer. Dass solche Verbrechen im Hexenweiher stattfanden, ist historisch nicht belegt. Der Name aber hat Bestand.

Dass im nahen Schloss Homburg Hexenprozesse abgehalten wurden, ist dagegen unstrittig. Im Jahr 1631 war das zum Beispiel so. Urkundlich belegt wurden am 14. September sechs Frauen der Hexerei bezichtigt und hingerichtet. Man ließ »Gnade walten« und tötete sie mit dem Schwert, da sie Geständnisse abgelegt hatten – freiwillig wird das kaum passiert sein.

Adresse Schloss Homburg 1, 51588 Nümbrecht | ÖPNV Bus 302, Haltestelle Schloss Homburg | Pkw A 4, Ausfahrt Gummersbach / Wiehl / Nümbrecht, auf L 305 bis Nümbrecht, dann der Ausschilderung »Schloss Homburg« folgen | Tipp Der Naturerlebnispfad Schloss Homburg bringt mit mehreren Stationen wie einer »Baumkronen-Plattform« oder dem »Lebensraum Dorf« während einer etwa zweistündigen Wanderung die Natur rund um den Ort nahe.

48 Die Humperdinckstraße

Bevor es nach New York ging

Wenn bedeutende Künstler sich in kleinen Orten aufhalten, werden ihre Spuren umso deutlicher erinnert. Marienberghausen ist wahrlich nicht groß, wurde aber von Engelbert Humperdinck, dem 1854 in Siegburg geborenen spätromantischen Komponisten, mehrmals besucht. So führt die Humperdinckstraße heute mitten durch das Dorf. Dabei quert sie einen kleinen Platz mit einem schattenspendenden Baum, an dem zudem eine Stele mit Harfe und Inschrift als Denkmal an den berühmten Gast erinnert.

Der 1921 gestorbene Humperdinck war schon zu Lebzeiten ein renommierter Musiker, der früh Auszeichnungen für seine Kompositionen erhielt. Richard Wagner holte ihn nach Bayreuth, wo er nach dessen Tod noch den Sohn Siegfried unterrichtete. Er wirkte in Frankfurt am Main und Berlin, aber auch in Köln am dortigen Stadttheater, dem Konservatorium und im Gürzenich. Von Köln aus war es nicht weit bis ins Bergische Land. Dort lebte Humperdincks Tante in Wolfscharre, einem Dorf bei Marienberghausen und heutigen Ortsteil von Nümbrecht. Zwar wurde Nümbrecht erst 1973 die staatliche Anerkennung als Luftkurort zuteil, man schätzte aber auch zu Humperdincks Zeit den Erholungswert der Region. Verbürgt ist, dass er seine Urlaube im Haus der Tante verbrachte. Entgegen einer lange erzählten Mär hat er die Oper »Hänsel und Gretel« nicht hier geschrieben. Stattdessen heißt es nun, die Region habe ihn zum Werk inspiriert.

Durch den Sohn ist überliefert, im Sommer 1895, zwei Jahre nach der Uraufführung von »Hänsel und Gretel« in Weimar, sei Humperdinck samt Familie »an die Bröl« gekommen, wo er seine zweite große Oper, die »Königskinder«, komponierte. Diese wurde später in überarbeiteter Form an der New Yorker Metropolitan Opera uraufgeführt. In der Humperdinckstraße 6 werden seine Spuren noch einmal sinnlich erfahrbar. In der dortigen Gaststätte steht ein Klavier, auf dem er seine Kompositionen ausprobiert haben soll.

Adresse Humperdinckstraße, 51588 Nümbrecht-Marienberghausen | **ÖPNV** Taxibus 324, Haltestelle Marienberghausen Ort | **Pkw** A 4, Ausfahrt Bielstein, auf B 56 Richtung Drabenderhöhe, nach 400 Metern links abbiegen auf B 56, nach etwa 4 Kilometern links auf Drabenderhöher Straße/L 321, im Kreisverkehr 2. Ausfahrt (Drabenderhöher Straße/L 338), rechts auf Neue Landstraße/L 350, links auf K 25, links auf Humperdinckstraße | **Tipp** Zwischen Nümbrecht und Wiehl verkehrt die historische Oberbergische Postkutsche. Sie ist der Nachbau einer um 1870 verkehrenden kaiserlichen Postkutsche.

49 Die Glocke von St. Pankratius

Das älteste Geläut sah viele Scheiterhaufen

Mit St. Pankratius steht im Ort eine der ältesten Kirchen der Region. Das kleine romanische Bauwerk wurde bereits im 11. Jahrhundert anstelle eines Provisoriums errichtet, so heißt es. Beim Wort Provisorium offenbart sich das Denken in anderen zeitlichen Dimensionen, wenn man hört, dass auch die Kirche zuvor, zwar aus Holz, schon 100 Jahre lang vorhanden war. Da wurde gefertigt und gebaut für die Ewigkeit, und so hängt im Kirchturm auch die älteste noch läutende Glocke im Rheinland. Sie wird auf die Zeit um 1050 datiert. Zwar ist der Gießer unbekannt, nicht aber Gewicht und natürlich auch nicht der Klang. Mehr als 900 Kilogramm wiegt die Glocke, und sie läutet im Hauptschlagton gis'. Drei andere Glocken stammen immerhin noch aus dem 13. und 14. Jahrhundert. Um die alten Glocken zu schonen, ergänzte man das Geläut aber 1981 um neu gegossene Varianten.

In der nach dem Märtyrer und Eisheiligen Pankratius benannten Dorfkirche beeindruckt auch noch ein Taufstein aus dem 12. Jahrhundert. In der Geschichte der Kirche gibt es aber auch das Kapitel der Hexenverfolgung. Im frühen 17. Jahrhundert muss es in Odenthal gefährlich für Frauen gewesen sein, wenn sie in irgendeiner Weise in Aussehen oder Verhalten anders wirkten. Innerhalb weniger Jahre wurden mindestens acht Odenthalerinnen als Hexen verbrannt, weshalb dem Ort bis in die jüngste Vergangenheit hinein der Beiname Hexen-Odenthal anhing.

Noch heute erhalten ist die Prozessakte von Katharina Güschen, genannt »Scheuer Tring«, die 1613 als letzte Verurteilte auf dem Scheiterhaufen zu Tode kam. »Sie breeten zu Ohnder die Hexen wie Hohnder« – Sie brieten zu Odenthal die Hexen wie Hühner, so sagte man. Vom Kirchhof gelangt man über einen schmalen Durchlass zum historischen Ortskern, wo 1988 der Hexenbrunnen errichtet wurde.

Adresse Altenberger-Dom-Straße 51, 51519 Odenthal | **ÖPNV** Busse 432 und 434, Haltestelle Herzogenfeld | **Pkw** von Köln aus Odenthaler Straße/L 101, bei Gabelung links halten, im 2. Kreisverkehr 2. Ausfahrt nehmen, um auf Altenberger-Dom-Straße abzubiegen | **Öffnungszeiten** 9 Uhr bis Einbruch der Dämmerung; Kirchenführungen auf Anfrage, Tel. 02202/79805 | **Tipp** Odenthal bietet ein großes Wegenetz zum Wandern, aufregender geht es beim Klettern im Hochseilgarten K1 zu.

50 Der Klosterteich

Kein Trinkwasser, nirgends

Die Zisterziensermönche haben der Region ihren Stempel aufgedrückt. Nicht nur, als sie aus einer Wiese an der Dhünn den Standort für ihre Abtei machten. Rund um das Kloster legten sie auch Teiche und Bäche an, was heute sehr malerisch wirkt, ursprünglich aber rein existenzielle Gründe hatte. Zwar gab es mit der Dhünn den direkten Zugang zum Wasser, die war aber zu wild und unberechenbar. Immer wieder flutete sie bei Hochwasser das ganze Areal.

Wasser war aber auch für die Mönche eines der kostbarsten Güter, sogar weniger wegen des Verbrauchs als für den Antrieb ihrer Mühlen. Eine Getreidemühle sicherte die Versorgung mit Brot, dazu unterhielten die Zisterzienser Öl- oder auch Schwarzpulvermühlen. Sogar eine Malzmühle zählte zum Bestand. Zudem wurde das Wasser benötigt, um eine Fischzucht zu betreiben. Verboten war den Mönchen nämlich in der Fastenzeit der Verzehr vierbeiniger Tiere. Aber auch das Trinken von Wasser barg anfänglich so große Gefahren, dass es sogar Verhaltensvorschriften im Klosterkodex dazu gab. Es wurde ausdrücklich verboten, das verschmutzte Wasser aus den bestehenden Gewässern zu nutzen. Stattdessen sollte Bier gebraut werden, um mit dem Getränk den Durst zu löschen.

1803 wurde das Kloster säkularisiert. Da waren die Schwierigkeiten mit dem Wasser schon nicht mehr ganz so arg. Von der Abtei erhalten blieb der Altenberger oder auch Bergische Dom als eines der bekanntesten Baudenkmäler des Bergischen Landes. Das Altenberger Westfenster stammt aus dem späten 14. Jahrhundert und gilt mit acht mal 18 Metern als das größte gotische Kirchenfenster nördlich der Alpen. Zusammen mit dem Nordfenster und den übrigen Glasflächen verhilft es dem Innenraum zu so viel Licht, dass die Kirche auch »Haus ohne Mauern« genannt wurde. Übrigens war die Kirche nie Bischofssitz und damit auch kein Dom. Den Namen prägte vielmehr der Heimatdichter Montanus im 19. Jahrhundert.

Adresse Carl-Mosterts-Straße, 51519 Odenthal-Altenberg | **ÖPNV** Bürgerbus 4, Haltestelle Altenberg | **Pkw** von Köln aus Odenthaler Straße / L 101 Richtung Odenthal, bei Gabelung links halten, im 2. Kreisverkehr 2. Ausfahrt nehmen, um auf Altenberger-Dom-Straße abzubiegen, dann links auf Carl-Mosterts-Straße | **Tipp** Im Deutschen Märchenwald Altenberg gibt es unter anderem eine Wasserorgel mit tanzenden Fontänen, Musik und Farbspielen.

51 Der Bunker Steinenbrück

Das Alte verwandeln

Ohne den Buntmetallerzbergbau in Overath hätte es keinen Abraum der Grube Lüderich gegeben, und ohne Abraum wäre die Abraumhalde nicht entstanden, auf der sich im Zweiten Weltkrieg eine Scheinwerferbatterie der Luftabwehr befand. Für die Soldaten wurde in die Abraumhalde hinein ein Schutzbunker gebaut, der sich auf dem Weg nach oben kurz vor dem Plateau der Halde befindet. Doch auch Mitarbeiter der Grube Lüderich und deren Angehörige suchten dort Schutz, wenn Luftschutzsirenen heulten. Nie gab es dabei einen gezielten Angriff auf die Anlage, vermutlich, weil das Bergwerk in belgischer Hand war.

Nach dem Krieg wurde der Bunker Ende der 1950er Jahre zum Trainingsraum der Grubenwehr. Erst als der größte Grubenkomplex der Region 1978 endgültig schloss, wurde eine Art doppelte inoffizielle Gedenkstätte daraus, die einerseits an den Zweiten Weltkrieg, aber auch an die lange Bergbaugeschichte hier erinnerte.

Schon früh wurden die Ressourcen des Bodens genutzt, etwa das Blei beim Bau von Kölner und Altenberger Dom. Schriftliche Zeugnisse über den Bergbau in Lüderich gibt es ab den 1830er Jahren, fortan war von der Grube die Rede, die, immer weiter ausgebaut, in ihren Glanzzeiten während der 1950er Jahre fast 800 Menschen beschäftigte. Heute steht das Fördergerüst des Hauptschachtes noch am alten Platz.

Viel später, nämlich 1997, wurde ein 15 Meter hohes Kreuz auf der Halde errichtet, benannt nach der Schutzpatronin der Bergleute: das Barbarakreuz. Es überrascht nicht, dass man in der nahe liegenden katholischen Gemeinde die Menschen findet, die die Erinnerung an den Bergbau so wachhalten wollen. Der Bunker wurde 2011 auch offiziell zu einem Ort des wenn schon nicht Gedenkens, so doch der Andacht. Seitdem macht ihn die aufgestellte Marienstatue aus dem bosnien-herzegowinischen Wallfahrtsort Medjugorje zu einer Mariengrotte der besonderen Art.

Adresse Am Hauptschacht 38–40, 51491 Overath | **ÖPNV** Bus 425, Haltestelle Overath, Olper Straße/ALDI, dann etwa 25 Minuten Fußweg | **Pkw** A 4, Ausfahrt Moitzfeld, Richtung Herkenrath/Kürten, nach 600 Metern rechts abbiegen auf Overather Straße/L 136, im Kreisverkehr 1. Ausfahrt (Bücheler Straße) nehmen, nach 300 Metern links abbiegen auf Schmitzlödericher Straße, kurze Zeit später rechts halten auf Bergwerkstraße, nach 300 Metern 1. rechts auf Am Hauptschacht | **Öffnungszeiten** tagsüber geöffnet | **Tipp** Die Burgruine Großbernsau im Norden von Overath stammt aus dem 14. Jahrhundert und war rund 400 Jahre bewohnt. Man kann noch eine der Außenmauern sehen.

52 Das Uelfebad

Werbende Strahlkraft eines Superlativs

Wann das Uelfebad zum ersten Mal die »kleinste Talsperre Deutschlands« genannt wurde, konnte nicht geklärt werden. Sicher ist, dieser Beiname sollte ein lokales Ausflugsziel populärer machen, und sicher ist auch, der Beiname war nicht aus der Luft gegriffen. Das ehemalige Naturwasserfreibad ist tatsächlich von der zuständigen Landesbehörde als Talsperre klassifiziert, und der kleine, die Uelfe stauende Damm unterliegt allen Sicherheitsbestimmungen, die auch für die riesigen Staumauern der Region gelten. So sind werbende Worte das eine, das andere sind die »Zuverlässigkeitsanforderungen für Stauanlagen und deren Überwachung«, wie sie in der DIN 19700 festgelegt sind. Messprogramme und entsprechendes Berichtswesen führen zum Leidwesen der Gemeinde zu einigen Mehrkosten für das Naherholungsgewässer, das einst als »Flussschwimm- und Badeanstalt« eröffnet wurde.

Ab 1923 begann der Rat der Stadt den Bau des Uelfebads voranzutreiben. Nicht nur an die Freizeit der Einwohner wurde dabei gedacht. Den Erwerbslosen sollte in einer Zeit der Massenarbeitslosigkeit zu Arbeit verholfen werden. Der Medizinalrat des Kreises Lennep sah mit dem Bau zudem den Kampf gegen die Tuberkulose unterstützt, indem die Badeanstalt die Menschen in den »industriellen Ortschaften im Wuppertal« daran gewöhne, »den Körper dem Licht, der Luft und dem Wasser auszusetzen«. Ende 1926 begannen die Arbeiten. Eröffnet wurde die Badeanstalt mit einem Festprogramm am 16. Juni 1927. Weil die Wasserqualität der Uelfe nicht mehr ausreichte, musste der Schwimmbetrieb 1955 eingestellt werden.

Geblieben ist der Stausee als Ausflugsort. Modellboote werden hier zu Wasser gelassen. Es wird geangelt. Das Café-Restaurant Uelfebad mit seiner Terrasse ist Ziel bei Pausen. Ist ein Winter kalt genug, verwandelt sich das Bad in eine Natureisbahn, und ganzjährig lässt sich von hier aus auf Wanderwegen das Uelfetal erkunden.

Adresse Uelfe-Wuppertal-Straße, Ecke Mühlenstraße, 42427 Radevormwald | **ÖPNV** Bus 626 und Bürgerbus 4, Haltestelle Uelfebad | **Pkw** A 1, Ausfahrt Remscheid, Richtung Radevormwald der B 229 über circa 5,9 Kilometer folgen, in Radevormwald links abbiegen auf Leimholer Straße, am Ende rechts abbiegen auf Uelfe-Wuppertal-Straße | **Tipp** Gegenüber vom Rathaus von Radevormwald befindet sich das Heimatmuseum der Stadt.

53 Das Wülfing-Museum

Erinnerungen an die blühende Textilindustrie

In Dahlerau lässt sich immer noch das Bergische Land als einstiges pulsierendes Zentrum der deutschen Textilindustrie erahnen. Denn die Räume der ehemaligen Tuchfabrik Johann Wülfing & Sohn wurden zu einem Museum, das nicht nur Einblicke in Stoffentwicklung und -produktion, sondern auch in die Energiegewinnung früherer Jahrhunderte bietet.

Das Unternehmen war in Lennep 1674 gegründet worden. Die politischen Umstände unter der napoleonischen Herrschaft zwangen die Inhaber zum Ortswechsel. Im Jahr 1815 zog die Fabrik für Bekleidungsstoffe in das Tal an der Wupper. Das Wasser des Flusses und die daraus gewonnene Energie waren mitverantwortlich dafür, dass die Produktion immer weiter wachsen konnte.

Man kann im Museum die historischen Maschinen sehen – eine Francis-Turbinenanlage ist beispielsweise schon seit 1922 in Betrieb, erzeugt aber heute noch Strom aus Wupperwasser. Von 1891 stammt, wie sie hier steht, die größte erhaltene Dampfmaschine im Bergischen Land. Aufgeschlossen gegenüber modernen Technologien, gehörte die Firma zu den ersten Stromlieferanten der Region. Auf alten Webstühlen können mit Hilfe selbst gewonnener Energie noch immer Handtücher oder Läufer hergestellt werden.

Wie die Industrialisierung auf ganzer Linie Einfluss auf das Leben der Menschen nahm, zeigt die Werkssiedlung der Firma. Ähnlich wie an anderen großen Produktionsstätten, etwa im nahen Ruhrgebiet, schufen die Unternehmer Häuser und Wohnungen für ihre Arbeiter – auch vor dem Hintergrund, dass die Fabrik in Radevormwald eher abgelegen lag. Nach der Industrialisierung wurde die Globalisierung zur einschneidenden Entwicklung: 1996 musste Johann Wülfing & Sohn als letzte Tuchfabrik im Bergischen Land schließen. Das Museum entstand dank des Engagements ehemaliger Mitarbeiter. Sie gründeten einen Verein, um die Fabrik als Industriedenkmal zu erhalten.

Adresse Am Graben 4–6, 42477 Radevormwald-Dahlerau | **ÖPNV** Bus 626, Haltestelle Dahlerau/Bahnhof | **Pkw** A 1, Ausfahrt Remscheid, links auf die B 229, bis Ortseingang Radevormwald, 1. Ampel links, Richtung Beyenburg auf der L 414 bis Ortsteil Dahlerau, links in die Wülfingstraße | **Öffnungszeiten** ganzjährig So 11–17 Uhr; nach Absprache Gruppenführungen, Tel. 02191/6922851 | **Tipp** Mit dem Wupper-Trail führt eine Eisenbahnstrecke die Wupper entlang. Es gibt die Möglichkeit, sie mit historischen Fahrzeugen zu befahren: Fahrpläne unter www.bergischer-ring.de.

54 Die Krombacher Insel

Im telegenen Wasserreservoir

Lange schon, seit 1995 genau, taucht diese Insel auf Plakaten und in TV-Spots der Krombacher Brauerei auf, etwa sonntags vor der Ausstrahlung des Tatorts im Ersten. Irgendwann hieß sie dann nur noch die Krombacher Insel. Millionen Deutsche kennen sie, und viele wissen gar nicht, wo sie ist. Nachdem im Jahr 2010 die TV-Werbung dem Zeitgeist angepasst wurde und für die langen Werbespots neue Bilder hinzukamen, kann man nun auch noch in deren mittlerem Teil die Aggertalsperre im Überflug sehen. Am Ende aber mündet der Spot mit dem Ausklingen des Sounds beim bekannten Blick auf die Insel in der Wiehltalsperre.

Während mit dem Werbemotiv Natur im Werbespot die Verbindung zum Freizeitvergnügen gesucht wird, gab es für die Bevölkerung einen lebensnotwendigen Bezug zu den Talsperren. Im Aggertal ging es vor allem um den steigenden Energiebedarf und den Hochwasserschutz, als die Talsperre von 1927 an gebaut wurde. Später, Ende der 1960er Jahre, hieß es, mit dem Bau der Wiehltalsperre die Trinkwasserversorgung zu sichern. Beide Talsperren aus dem Spot werden vom Aggerverband betrieben, der aus der 1923 gegründeten Aggertalsperren-Genossenschaft zwei Jahrzehnte später hervorging.

Nun haben die Talsperren nicht nur ihre Versorgungsfunktionen, sondern bieten eben auch das Naturerlebnis. Die Aggertalsperre mit ihrem Brauchwasser ist im Oberbergischen ein beliebtes Ziel für Taucher und Wassersportler geworden. Die Wiehltalsperre mit der Wasserschutzzone dagegen ist reines Wandergebiet, wobei das insgesamt 60 Kilometer lange Wegenetz eindrucksvolle Ausblicke erlaubt, unter anderem auf die Krombacher Insel. Als Fernsehstar wurde sie auch für die regionale Tourismus-Werbung attraktiv. Ein eigens geschaffener Aussichtspunkt und der Wanderweg dorthin geben die Gelegenheit zu sehen, was man aus den Bildern im Fernsehen kennt. »In echt« ist eben immer noch besonders.

Adresse Aussichtspunkt über Wanderweg mit Start am Wanderparkplatz Nespen, Odenspieler Straße, 51580 Reichshof | **Pkw** A 4, Ausfahrt Eckenhagen, Richtung Eckenhagen, nächste links auf Buchener Straße / L 96, nach Überquerung der Autobahn wieder links auf L 324 über Nespen, dort rechts halten. Der Parkplatz liegt unmittelbar an der Kreuzung nach Odenspiel. | **Tipp** Etwas oberhalb der Wiehltalsperre liegt die historische Wassermühle Nespen von 1749. Sie ist Teil des Projekts »Mühlen und Hämmer links und rechts des Rheins«.

55__Blockhaus

Wintersportparadies früher – und morgen

In Blockhaus befindet man sich an einem der höchsten Punkte im Oberbergischen. Nur ein paar Häuser stehen hier auf 500 Höhenmetern, verbunden mit einem großartigen Ausblick – eine empfohlene Etappe für Radsportler. Das ist aber nicht alles. Blockhaus hat auch eine lange Geschichte als Wintersportzentrum. Es begann 1888, als der Kölner Heinrich Wiethase hier einen Aussichtsturm baute und Ausflügler den Ort allmählich entdeckten. Eine Jugendherberge eröffnete 1929. Etwa zur gleichen Zeit wurde mühevoll mit Spitzhacke und Schaufel eine Skischanze errichtet. Sie erlaubte Sprünge von knapp 40 Metern.

Schon ab Ende der 1950er Jahre machte den regionalen Ausflugsorten die zunehmende Mobilität zu schaffen. Die Menschen fuhren zu entfernteren Orten. Deshalb investierte man Anfang der 1970er Jahre. Ein Ankerschlepplift wurde angeschafft, eine Flutlichtanlage, die die Abfahrt bis tief in den Abend ermöglichte. Über Wasserleitungen versorgte ein eigens angelegter Teich sogar Schneekanonen – damals einzigartig in Westdeutschland. Unterhaltung wurde verlangt und mit Meisterschaften, Schlittenhunderennen oder Iglubauen geboten. Auch Snowboard blieb kein Fremdwort. Heute heißt Langlaufsport die Hoffnung. Inzwischen erstreckt sich von Bergneustadt bis Silberkuhle eine Loipe von mehr als 30 Kilometern.

Das Bild des Wintersportparadieses hat freilich Kratzer. Die alte Sprungschanze ist nur mehr in Fragmenten erhalten. Der Lift kam in die Jahre, wurde vom TÜV nicht mehr abgenommen und vor Kurzem abgebaut. Vor allem aber bleibt eines nicht ganz unwesentlich für den Fortbestand des Wintersports im Oberbergischen: der Schnee, und der fällt immer seltener. Ob die schneearmen Winter anhalten? Klimaforscher glauben das. Vielleicht tröstet der Gedanke, dass auch ohne Schnee Blockhaus ein idyllischer Ort ist, wo man den Sonnenuntergang beim Fernblick genießen kann.

Adresse Blockhaus, 51580 Reichshof-Blockhaus | **Pkw** A 4, Ausfahrt Eckenhagen, links Richtung Wildbergerhütte/Drolshagen, dann links abbiegen auf L 96, nach 300 Metern links auf L 351, nach 2,5 Kilometern links Richtung Blockhaus | **Tipp** Die evangelische Barockkirche in Eckenhagen wurde 1764 errichtet, brannte jedoch nur 13 Jahre später wieder ab. Der Großbrand vernichtete auch 47 Wohnhäuser. Die Kirche wurde sofort wieder aufgebaut.

56 Der Puhlbruch

Die Kinderstube eines Urwalds

Still ist es in dem 340 Hektar großen Naturschutzgebiet Puhlbruch-Silberkuhle. Doch still ist es nur für Menschen, die das kontinuierliche Rauschen der Großstadt als normal empfinden. Denn natürlich sind unentwegt Geräusche im Wald zu hören. Vögel rufen, ein Rascheln im Gebüsch hier, ein Knacken des Holzes da oder das Plätschern eines Bachs, der in die Steinagger mündet.

Zwischen Eckenhagen und Hahn liegt diese geschützte Idylle, und ein Teil davon ist ein Urwald, der allerdings gerade erst seine Kindheit durchlebt. Schon heute findet man hier zwar den ältesten Buchenbestand im Oberbergischen – einzelne Bäume sind bis zu 182 Jahre alt –, doch erst seit 1976 wird der Wald nicht mehr bewirtschaftet. Kein Förster hegt und pflegt. Es wird nichts mehr gefällt, abgestorbene oder umgefallene Bäume werden nicht mehr beseitigt. Damals waren insgesamt 40 sogenannte Naturwaldzellen im nordrhein-westfälischen Staatswald ausgewiesen worden. Bis der erhoffte Zustand eines Urwaldes entstanden ist, wird es noch lange dauern. Etwas mehr als 40 Jahre ist für die Natur nur wenig Zeit.

Um einen Teil dieses Naturschutzgebiets zu erwandern, bietet sich ein Waldlehrpfad an, der auf 4,5 Kilometern Länge mit Schautafeln zeigt, welche Pflanzen und Tiere den Wald besiedeln. Schon 1965 hatte die Waldjugend des im Puhlbruch gelegenen Dorfs Windfus den Pfad eingerichtet. Die Jugendlichen von damals fanden engagierte Nachfolger, denn unlängst hat dieselbe Waldjugend zusammen mit weiteren ehrenamtlichen Helfern die Infotafeln auf dem Pfad erneuert und instand gesetzt. Auch sie trugen ihren Teil dazu bei, dass der gesamte Naturraum 2008 offiziell zum Schutzgebiet erklärt wurde. Ein Wald, dessen Nutzung einst nur Kaiser Barbarossa erlaubt war, der dann den Grafen von Berg gehörte und schließlich ab dem 19. Jahrhundert Staatswald war, blieb so ein öffentliches Gut.

Adresse Hauptstraße, 51580 Reichshof-Eckenhagen (Wanderparkplatz Wickenbach), oder Forsthausweg, 51580 Reichshof-Eckenhagen (Wanderparkplatz Windfus) | **ÖPNV** Bus 303, Haltestelle Windfus Abzw. | **Pkw** A 4, Ausfahrt Eckenhagen, Richtung Eckenhagen auf L 324 fahren, zum Wanderparkplatz Wickenbach am Ortsanfang Eckenhagen rechts abbiegen, zum Wanderparkplatz Windfus in scharfer Linkskurve rechts nach Windfus, zum Wanderparkplatz rechts halten | **Tipp** Die frühere Wasserburg Denklingen stammt aus dem 16. bis 18. Jahrhundert. Die an den Seiten befindlichen Steingewölbe, die einstmals dem Hochgericht Windeck als Gefängnis dienten, waren bei der Ortsbildung aus Zweckmäßigkeit zugemauert worden.

57 Das Förderrad an der Glück-auf-Halle

Wertvoller als Blei

Wildberg ist eine von insgesamt 106 Ortschaften der Gemeinde Reichshof. Wie fast überall im Oberbergischen gibt es hier viel Grün, Waldstücke, die sich an Hügeln entlangziehen, Weiden für Kühe und Pferde. Und mittendrin steht ein Veranstaltungshaus, das etwas in die Jahre gekommen ist und den beeindruckenden Namen »Glück-auf-Halle« trägt. Ein Förderrad steht daneben.

Das erinnert an jene Zeit, als die Region wichtiger Lieferant von Rohstoffen war. Auch hier wurden in großem Umfang metallische Erze abgebaut. Das gesamte Tal und die Lebenswelt der Menschen waren von Gruben geprägt. In Wildberg aber gab es früh schon ein noch kostbareres Gut: Im 12. Jahrhundert, als Barbarossa den Reichshof – und damit das heutige Wildberg – an seinen Kanzler und Erzbischof von Köln, Rainald von Dassel, als Dank für dessen Verdienste verschenkte, zählten zum Besitz »Silbergruben«, wie die Urkunden belegen. Der Erzbischof griff dankbar auf die Schätze zu, um den Bau des Kölner Doms voranzubringen.

Das Vorkommen in Wildberg nutzten auch die Herzöge von Berg Jahrhunderte später, um in der landesherrlichen Münze zu Düsseldorf den »Wildberger Taler« und den »Bergischen Gulden« schlagen zu lassen. In den 1750er Jahren entstanden mehrere solcher Münzprägungen aus dem hier gewonnenen Feinsilber. Die Inschrift auf den Münzen war Ausdruck der politischen Umstände der Zeit und lautete übersetzt: »Von Gottes Gnaden, Carl Theodor, Pfalzgraf bei Rhein, des Heiligen Römischen Reiches Erzschatzmeister und Kurfürst«. Eine Seite der Münze zeigte den Herrscher im Profil, die andere das entsprechende Wappen. Von dieser Geschichte wird man heute nur vereinzelt etwas ahnen, wenn man durch Wildberg läuft, vielleicht dem Knappenweg begegnet und eben dem Förderrad, das nun eine neue Funktion hat: Es dient als Startpunkt für Rundwanderwege.

Adresse Glückaufstraße 1, 51580 Reichshof-Wildberg | **ÖPNV** Bus 303, Haltestelle Götzen Abzw. | **Pkw** A4, Ausfahrt Eckenhagen Richtung Wildbergerhütte/Drolshagen, auf L96; dann weiter auf L351, rechts auf Siegener Straße/L342, links auf Crottorfer Straße/L351 und nach circa 3 Kilometern links abbiegen auf K53, dann rechts auf Glückaufstraße | **Tipp** Ebenfalls in Wildberg liegt der Dreiherrenstein an einem schönen Wanderweg und markiert die drei ehemaligen Herrschaftsgebiete Köln, Berg und Wildenburg.

58 Die Adler Apotheke

Fehden, Fluchten und moderne Kunst

Die Fußgängerzone in Remscheid teilt das Schicksal vieler deutscher Innenstädte. Es gibt Leerstände. In der Nähe lockt ein Einkaufszentrum zum überdachten Shopping und mit den üblichen Ketten. Doch an ihrem Rand befindet sich die älteste Apotheke Remscheids in einem zudem bemerkenswerten Haus. Schon im Jahr 1734 wurde das erste Privilegium für eine Apotheke im Ort ausgestellt.

In deren Chronologie taucht 50 Jahre später dann der Name Duden auf, der nichts mit der Vereinheitlichung der Rechtschreibung zu tun hat und dennoch wenig später in Deutschland berühmt wurde. Leonhard Duden übernahm die Geschäfte und zog mit der Apotheke an den heutigen Standort um. Dann starb er früh, sodass seine Witwe die Apotheke provisorisch verwalten ließ. Zunächst von unterschiedlichen fremden Apothekern, später von Leonhard junior. Zehn Jahre schließlich schienen ihm genug, um die Apotheke zu übernehmen. Die Mutter wollte nicht, es kam zum Streit, und erst nach ihrem Tod 1838 wurde Leonhard junior endlich Besitzer. Sein Bruder Gottfried hatte sich aus dem wohl rausgehalten. Er war Arzt geworden und emigrierte 1824 in die USA, wo er eine Farm kaufte. Er blieb nur drei Jahre und veröffentlichte nach der Rückkehr ein Buch voller positiv gefärbter Erinnerungen. Es wurde mit zum Auslöser für die 1830 einsetzende Auswanderungswelle von Deutschland gen Westen – zu malerisch die Eindrücke, die er vom fernen Land niederschrieb, zu drückend die sozialen Probleme im Land.

In die Gegenwart wirken aber andere Geschichten hinein. Sie offenbaren sich in dem auf besondere Weise gestalteten Innenraum der Apotheke. Schon in den 1960er Jahren wirkte der Luxemburger Künstler Theo Kerg bei dessen Einrichtung mit. In den 1980er Jahren wurde die Apotheke mit zwei Skulpturen des auf der Museumsinsel Hombroich lebenden Künstlers Anatol Herzfeld bereichert, die eine, ein Adler, ist zugleich das bronzene Schild der Apotheke.

Adresse Alleestraße 11, 42853 Remscheid | **ÖPNV** Regionalbahn RB 47, Hauptbahnhof Remscheid, Busse 260, 653, 654, 657 und 660, Haltestelle Remscheid Markt | **Pkw** A 1, Ausfahrt Remscheid, auf B 229 in Richtung Lüdenscheid / Radevormwald / Hückeswagen und Bundesstraße folgen bis Kreisverkehr, dort 1. Ausfahrt (Nordstraße / L 415) nehmen, weiter auf Wansbeckstraße, links auf Elberfelder Straße. Die Alleestraße ist Fußgängerzone und liegt rechter Hand. | **Öffnungszeiten** Mo – Fr 8 – 19 Uhr, Sa 8.30 – 16 Uhr | **Tipp** Im Schloss Burg gibt es ein Apothekenmuseum. Dort befindet sich neben anderen Exponaten rund um die Geschichte der Apotheke allgemein auch ein Porträt von Leonhard Duden.

59__Das Teo Otto Theater

Ein Hauch 50er Jahre

Das verarbeitete Messing an der Fassade und die geschwungenen Linien der Fensterfront, die Lampenschirme oder der Linoleumboden im Foyer, nicht zuletzt die stilechte Farbgebung aus der Bauzeit – innen wie außen strahlt das Theater den Charme der 1950er Jahre aus. Der Wiederaufbau bedeutete für viele Theaterhäuser einen Neubeginn im Stil zeitgenössischer Architektur.

Für den Theaterbau waren die 1950er Jahre in ganz Deutschland eine Hochzeit. Schon 1948 war man in Remscheid der Ansicht, die Stadt brauche einen Aufführungsort für Kulturveranstaltungen. Die Stadtkasse bot wenig finanziellen Spielraum, so wurde die Aufnahme eines Bankkredits bewilligt und außerdem eine Lotterie ausgeschrieben, die einen Gewinn von 150.000 Mark erzielte. Anfang der 1950er Jahre erhielt Ernst Huhn als einer der damals führenden Theater- und Kinoarchitekten den Auftrag zum Neubau des Theaters. Der in Remscheid geborene Bühnenbildner Teo Otto stand ihm später beratend zur Seite. 1954 wurde das viergeschossige Theater mit versenkbarem Orchestergraben und einem Zuschauerraum mit 620 Sitzplätzen eröffnet.

Seit 2001 ist es nach dem Sohn der Stadt benannt, der als Bühnenbildner schon 1930 debütierte, 1933 ins Exil nach Zürich ging und nach dem Zweiten Weltkrieg zum gefragtesten Ausstattungskünstler des deutschsprachigen Theaters wurde. Für mehr als 800 Ausstattungen war Otto bis zu seinem Tod 1968 verantwortlich. Er arbeitete mit Gustav Gründgens, Bert Brecht und Herbert von Karajan zusammen, mit Künstlern wie Oskar Schlemmer oder Giorgio de Chirico.

Das Teo Otto Theater zeigt Gastspiele und beschäftigt kein eigenes Ensemble. Jedoch ist es das Haus der Bergischen Symphoniker, das Orchester der Städte Remscheid und Solingen. Neben philharmonischen Konzerten unterstützen sie auch hiesige Inszenierungen von Opern, Operetten, Ballett und Musical.

Adresse Konrad-Adenauer-Straße 31–33, 42853 Remscheid | ÖPNV Bus VRR 615, Haltestelle Allee-Center, und Bus 260, Haltestelle Friedrich-Ebert-Platz / Busbahnhof | Pkw A 1, Ausfahrt Remscheid, auf B 229 in Richtung Lüdenscheid / Radevormwald / Hückeswagen, auf B 229 / Solingen / Remscheid, im Kreisverkehr 1. Ausfahrt (Nordstraße / L 415) nehmen, weiter auf Wansbeckstraße, links auf Friedrich-Ebert-Platz, rechts auf Konrad-Adenauer-Straße | Öffnungszeiten Di–Fr 10–14 Uhr, Mi zusätzlich 15–18 Uhr, Sa 9–13 Uhr | Tipp Zwischen Rathaus und Allee-Center steht auf dem Platz eine Löwenstatue. Der Bergische Löwe findet sich auch auf dem Wappen der Stadt Remscheid.

60 Das Steinerne Kreuz

Sagenhaftes aus dunklen Zeiten

Sagen, das sind die frühen Welterklärungen der Menschen im Bergischen Land. In den ländlichen Regionen wurden sie von Generation zu Generation weitererzählt, verwandelten sich über die Jahre von der oft volkstümlichen Deutung realer Vorkommnisse zu schaurigen, unterhaltenden oder auch belehrenden Geschichten.

In der Nähe der Eschbachtalsperre stößt man auf den realen Kern einer solchen Sage. Auf dem Steinernen Kreuz steht kaum mehr lesbar die Inschrift: »Bitte für die Seele des Herrn Josef Weizels, dessen Überfall dieses Kreuz gesetzt ist, zum Gedächtnis an den 17. Oktober im Jahre des Herrn 1554.« Sicher scheinen Name und Verbrechen zu sein, alles andere ist schon gefärbt durch die mündliche Überlieferung. Josef Weizel soll als Bote unterwegs gewesen sein, ausgestattet mit einem Felleisen, also einem Rucksack, mit Goldtalern. Wo man heute das Kreuz findet, sollen zwei Diebe ihn überfallen haben. Als sie kurz davorstanden, den Mann zu töten, habe dieser über ihn hinwegfliegenden Wacholderdrosseln zugerufen, sie sollten ihn rächen. Die Räuber ließen den Sterbenden zurück und wollten im Born das Erbeutete in einer Wirtschaft vertrinken. Als man Bier und gebratene Krammetsvögel, wie man die Wacholderdrosseln auch nannte, vor sie stellte, soll einer der Verbrecher gesagt haben: »Diese Vögel sind mausetot. Die werden den Mord gewiss nicht mehr verraten.« Der Wirt schöpfte Verdacht und zeigte die Männer an, die noch vor Beendigung des Essens festgesetzt und später hingerichtet wurden – die Rache der Wacholderdrosseln.

Bevor Josef Weizel den Wald erreichte, konnte er damals noch durch Auen gehen. Die Eschbachtalsperre als erstes deutsches Trinkwasserreservoir ihrer Art wurde erst 1891 geflutet, just zu jener Zeit, als auch Heimatforscher Sagen zu sammeln begannen und sie, im Heimatbuch gedruckt, zu Zeugnissen einer anderen Zeit machten.

Adresse Birgden I, 42859 Remscheid-Birgden I | **Pkw** A 1, Ausfahrt Remscheid, auf B 229 in Richtung Lüdenscheid / Radevormwald, nach 400 Metern links abbiegen auf Lenneper Straße / B 229, später rechts auf Borner Straße / B 51, nach etwa 300 Metern 1. rechts auf Trecknase, dann 2. links auf Tenter Weg und den Kreisverkehr passieren, für 2 Kilometer weiter auf Birgden I | **Tipp** Durch Remscheid verläuft ein Abschnitt der Deutschen Alleenstraße. Sie führt vom Bodensee bis zur Ostsee, überwiegend durch Alleen, und ist die längste Ferienstraße Deutschlands.

61 Das Deutsche Werkzeugmuseum

Was Tier und Menschen unterscheidet

Inzwischen sollte sich das Wissen verbreitet haben: Nicht nur Menschen nutzen Werkzeuge. Vom Star über den Oktopus bis hin zum Schimpansen, auch Tiere richten Gegenstände her, um sich mit ihnen das Leben zu erleichtern. Dem Menschen allerdings bleibt es vorbehalten, ein Museum für seine Werkzeuge einzurichten. Wo sollte es einen besseren Ort für die in Deutschland einzigartige Sammlung geben als in einer Region, in der schon im Mittelalter in großem Umfang Werkzeuge hergestellt und europaweit gehandelt wurden. Ressourcen wie Holz oder Eisenerz spielten dabei eine Rolle, aber auch die Wasserkraft als nicht versiegende Energiequelle. Gerade günstige Wasserkraft führte dazu, dass viele kleinere Werkzeugwerkstätten im Remscheider Raum sowie zahlreiche Hämmer und Schleifkotten noch bis ins 20. Jahrhundert hinein in Betrieb waren.

Beispielhaft wird im Museum etwa die Feile als eines der ältesten und wichtigsten Werkzeuge sowohl in ihrer Bedeutung für die Herstellung von Gerät und Maschinen beschrieben als auch ihre Produktion selbst in der historischen Heimwerkstatt gezeigt. Die ganze Familie wurde beschäftigt, spätestens nachmittags halfen Kinder und die Ehefrau des Feilenhauers bei der Arbeit mit. Bis aus dem Rohmaterial eine funktionierende Feile wurde, brauchte es mehrere einzelne Schritte, für die es zunächst spezialisierte Handwerksbetriebe gab.

Erst die Fabrik bot den Ort für die Gesamtproduktion, wo im späten 19. Jahrhundert dann die ersten Feilenmaschinen eingesetzt wurden. Die selbstständigen Hand-Feilenhauer wurden arbeitslos oder mussten mit der Fabrikarbeit beginnen, wo auch Frauen und Kinder wieder dabei waren, um den Lebensunterhalt zu sichern. Die Feile als Handwerkzeug gehört aber nur zum Anfang der Werkzeugentwicklung, die mit den im Museum ausgestellten Maschinen- und Elektrowerkzeugen bis in die Gegenwart reicht.

Adresse Cleffstraße 2–6, 42855 Remscheid-Hasten | **ÖPNV** Busse 615, 653 und 657, Haltestelle Hasten Museum | **Pkw** A 1, Ausfahrt Remscheid, auf B 229 in Richtung Lüdenscheid/Radevormwald/Hückeswagen und Bundesstraße, folgen bis Kreisverkehr, dort 1. Ausfahrt (Nordstraße/L 415) nehmen, nach 3,5 Kilometern rechts auf Cleffstraße | **Öffnungszeiten** Di–So 10–17 Uhr | **Tipp** Neben dem Werkzeugmuseum befindet sich das 1778 gebaute Haus Cleff. Das Fabrikanten-Wohnhaus gilt als eines der schönsten Häuser im Bergischen Land und zeigt großbürgerlich-bergische Wohnkultur.

62__Das versunkene Kräwinklerbrücke

Tauchen nach dem Dorf unter Wasser

Das vom Wind gekräuselte Wasser verrät nichts vom früheren Leben auf dem Grund der heutigen Talsperre. Dabei standen dort früher Häuser, Kirchen, Bauernhöfe, Felder wurden bestellt, Menschen lebten ihr Leben, und nicht jeder war damit einverstanden, für den Bau einer Talsperre umziehen zu müssen. Das war überall im Bergischen Land so, und fast immer wurden die verlassenen Gebäude auf dem Areal des späteren Stausees abgetragen. In den Trinkwassertalsperren war das überhaupt die Voraussetzung für deren Nutzung. Anders verhält es sich in den Brauchwassertalsperren. Dort durfte großzügiger bei der Vorbereitung zur Flutung eines Tals verfahren werden. Gebäudereste blieben stehen. Dennoch ist unter Wasser weitaus weniger zu sehen, als es die meisten Führer für den Ort beschreiben. Reste der alten Kirche soll es dort geben, mit einer Boje markiert. Doch die erfahrenen Taucher vor Ort erklären diesen Hinweis zum Mythos. Fast das gesamte Ufer nimmt eine Art frei zugängliches »Strandbad« ein. Getaucht wird hier oft und regelmäßig. Es gibt einen Verleih für Ruder- und Tretboote. Das Tauchrevier ist nicht ohne Anspruch, und auch das Baden in der Talsperre ist rechtlich nur »geduldet« – alles also nach eigenem Ermessen.

Als man die Talsperre 1989 nach rund 30 Jahren Planung eröffnete, war es zuvor unter anderem erforderlich geworden, die Bahnstrecke zwischen Wilhelmstal und Radevormwald stillzulegen. Das Strandbad liegt etwa auf der Höhe des früheren Bahnhofs von Kräwinklerbrücke. Aber auch der ist nicht unter Wasser zu finden. Die Hobbytaucher erkennen also allenfalls vereinzelte Mauerreste. Nur eines ist noch erhalten, und das mutet besonders seltsam an, denn ein Bauwerk, das einmal die sichere Überquerung eines Gewässers möglich machte, ist nun in ihm versunken. Es ist die älteste erhaltene Wupperbrücke.

Adresse Kräwinklerbrücke, 42897 Remscheid-Kräwinklerbrücke | **Pkw** A 1, Ausfahrt Remscheid, auf B 229 in Richtung Lüdenscheid / Radevormwald, nach 400 Metern links auf Lenneper Straße / B 229, nach 1 Kilometer 1. rechts auf Borner Straße / B 51, später links abbiegen auf L 412, nach 3,5 Kilometern rechts abbiegen auf Kräwinklerbrücke | **Tipp** Im Stadtpark von Remscheid liegt eine Volkssternwarte. Sie ist beheimatet im Bismarckturm von der Wende zum 20. Jahrhundert. Hier werden unter anderem Beobachtungsabende veranstaltet.

63__Der Alter Markt

Typisch britisch

Die Altstadt von Lennep wurde nach einem großen, zerstörerischen Stadtbrand im Jahr 1746 wieder aufgebaut und hat den Zweiten Weltkrieg relativ unbeschadet überstanden. Rund 120 Gebäude stehen hier unter Denkmalschutz. Wer den »Bergischen Barock« oder »Bergischen Dreiklang« als großes geschlossenes Ensemble sehen möchte, kommt hierher und bewundert die geschieferten Fassaden in ihrer Kombination mit schwarzen Fachwerkbalken und weißen Gefachen sowie die Holzschlagläden in »Bergischem Grün«.

Dieses malerische Gesamtbild mit dem Alter Markt als Zentrum wurde Anfang der 1960er Jahre deutschlandweit bekannt, aber überraschenderweise nicht als der typische eindrucksvolle Ort des Bergischen Landes, sondern als englische Kleinstadt mit dem Namen Littleshaw. Heinz Drache ermittelte dort als Inspektor Harry Yates, weil mehrere Frauen in dem Ort erdrosselt wurden. Der Mehrteiler »Das Halstuch« wurde zum erfolgreichsten TV-Projekt der noch jungen Fernsehgeschichte. Als Vorlage diente ein Roman des Engländers Francis Durbridge, der auch das Drehbuch für die Verfilmung durch den WDR schrieb. Die Innenaufnahmen wurden in einer umgebauten Tennishalle in Köln gedreht. Immer das schmale Produktionsbudget im Blick, wählte man für den Außendreh Lennep, das man für »englisch anmutend« erachtete. Die Ladenlokale erhielten englische Namen, aber wenn die Kamera Fassaden großflächiger erfasste, erschöpfte sich die Ähnlichkeit mit englischer Kleinstadtarchitektur doch schnell.

Entscheidend war das nicht. Als im Januar 1962 die sechs Folgen von »Das Halstuch« gesendet wurden, lag die Einschaltquote bei 90 Prozent. Weil fast jeder – entweder zu Hause oder in der Kneipe – versuchte, an diesem TV-Ereignis teilzuhaben, blieben die Straßen zum Sendetermin menschenleer. Von dieser Zeit an setzte sich der Begriff »Straßenfeger« für besonders erfolgreiche Fernsehsendungen durch.

Adresse Alter Markt, 42897 Remscheid-Lennep | ÖPNV Regionalbahn RB 47, Bahnhof Lennep | Pkw A 1, Ausfahrt Remscheid-Lennep, Richtung Remscheid Lüttringhausen-Süd über Lüttringhauser Straße, dann 1. rechts auf Neugasse nehmen, von dort rechts abbiegen auf Alter Markt | Tipp Die Orgel in der evangelischen Stadtkirche zu Lennep stammt aus dem Jahr 1779. Sie war die letzte Arbeit im Zuge des Wiederaufbaus der Kirche nach dem großen Brand. Das alte Instrument wurde 1980 grundlegend überarbeitet.

64 Das Röntgen-Denkmal

Umstrittener Künstler begegnet Ehrenbürger

Die Skulptur der Frau mit Fackel steht nicht weit entfernt vom Röntgen-Museum. Dass mit dem Denkmal Wilhelm Conrad Röntgen geehrt wird, erkennt man erst kurz davor durch ein Bronzerelief und seinen Namen auf dem Betonsockel. Seit 1930 gibt es das Denkmal, das ein seinerzeit junger, aufstrebender Künstler schuf: der 1900 in Elberfeld geborene Arno Breker. Damals lebte er in Paris und studierte dort das Werk des französischen Bildhauers Auguste Rodin, traf Künstler wie Maillol oder Delaunay und hielt dennoch regelmäßigen Kontakt nach Deutschland, wohin er 1934 zurückkehrte.

Während des Nationalsozialismus wurde Arno Breker nach anfänglich starker Kritik an seinem Werk nach den Olympischen Spielen 1936 zum Vorzeigebildhauer des Regimes. Die stilisierte Antike und die heroische Ausstrahlung am Lenneper Denkmal verweisen schon auf die spätere Zeit, in der Breker seinen bildhauerischen Stil mit dem nationalsozialistischen Skulpturbegriff vollends in Deckung brachte. Noch aber lässt sich die Fackel als Symbol der Aufklärung deuten, und Details wie das flatternde Gewand der Frauenskulptur zeigen, sein Werk hätte eine andere Richtung nehmen können.

Es ist mehr ein Sinnbild für Wilhelm Conrad Röntgens bedeutsame Arbeit, das Breker für die Stadt umsetzte, in der der Physiker 1845 geboren wurde. Sein Vater war Tuchfabrikant, und nur wenige Jahre nach der Geburt des einzigen Kindes verließ er mit der Familie das Bergische Land. Die Niederlande waren das Ziel. Auch später lebte Röntgen nur abseits seines Geburtsorts, ging in die Schweiz und nach Süddeutschland. In Würzburg entdeckte er 1895 die nach ihm benannten Strahlen. Insgesamt genoss er hohes Ansehen als Experimentalphysiker und erhielt 1901 den ersten Nobelpreis für Physik. Auch in Lennep erinnerte man sich früh an Röntgens Kindheitsjahre in der Stadt. Schon 1896 wurde er zum Ehrenbürger ernannt.

Adresse Straßenkreuzung Thüringsberg/Schwelmer Straße, 42897 Remscheid-Lennep | **ÖPNV** Regionalbahn RB 47, Bahnhof Lennep, oder Bus 654, Haltestelle Röntgenmuseum | **Pkw** A 1, Ausfahrt Remscheid-Lennep, Richtung Remscheid Lüttringhausen-Süd über Lüttringhauser Straße, dann links in die Schwelmer Straße einbiegen (Parkplätze des Museums finden sich auf der Hardtstraße) | **Tipp** In einem Patrizierhaus von 1803 in der Schwelmer Straße 41 befindet sich das Deutsche Röntgen-Museum, das Leben und Werk des Physikers dokumentiert (Bibliothek befindet sich im angegliederten Geburtshaus).

65_Die Stephanuskapelle

Von einem Ort des Schreckens zu einem Zuhause

Gerade hat man das rechtsrheinische Köln über die Autobahn Richtung Süden verlassen, da wird es sehr grün neben der A 3. Hier, im angrenzenden Rösrath, gibt es genauso viel Natur wie Bebauung. Der Weg zur Stephanuskapelle führt also durch viel Wald an den Rand des artenreichen Naturschutzgebietes Wahner Heide, das sich zwischen Köln, Rösrath und Troisdorf erstreckt. Auffällig an dieser nach Entwürfen von Hans Wildermann errichteten kleinen Kapelle ist das tief heruntergezogene, weit auskragende Satteldach. Unten ist die Fassade in Fachwerk und Ziegeln gehalten, im Dachbereich wirkt sie eher dunkel. Etwas von einem Hexenhäuschen hat dieser christliche Bau, der als Notkirche für das zwischen 1951 und 1954 entstandene Kinder- und Jugenddorf Stephansheide gedacht war.

Die neuen Gebäude markierten endgültig einen Aufbruch, hatte das Areal doch ab 1940 eine Vorgeschichte als Kriegsgefangenenlager. Polnische Soldaten und die der westlichen Alliierten sowie zum Ende des Zweiten Weltkrieges auch russische Soldaten waren hier interniert. Als das Lager im Frühjahr 1945 befreit wurde, saßen 1.500 Insassen im sogenannten Lager Hoffnungsthal ein. Die Alliierten übernahmen die Einrichtungen und nutzten sie für kurze Zeit als Gefangenenlager für deutsche Soldaten. Etwas später begann aber schon die zukunftsweisendere Nutzung des Geländes als Kinderdorf Pestalozzi, um Kriegswaisen eine Heimat zu geben. In einem Kontinuum durch die Jahrzehnte standen von da an immer die Jüngsten im Mittelpunkt: Heute befindet sich hier das Jugendhilfezentrum im Coenaculum Köln e.V., zur Kinder- und Jugendhilfe der Diakonie Michaelshoven gehörig. Die Geschichte des Kriegsgefangenenlagers aber lässt sich mit einer kleinen Ausstellung in der Stephanuskapelle nachvollziehen. Daneben ist sie auch zum Ort für Kultur geworden als Ausstellungsraum für Künstler der Region.

Adresse Pestalozziweg 77, 51503 Rösrath | **ÖPNV** Bus 423, Haltestelle Hack | **Pkw** A3, Ausfahrt Königsforst, Richtung Rath/Rösrath-Nord, auf Bensberger Straße/L489, dann rechts auf Rösrather Straße/L284, rechts auf Pestalozziweg | **Öffnungszeiten** Gedenkausstellung nach Voranmeldung, Tel. 02205/84636; sonst abhängig von Veranstaltungen | **Tipp** Erste Spuren einer Burg auf dem Gelände von Schloss Eulenbroich deuten auf das 13. Jahrhundert hin. Die heutige Anlage – ein kleines barockes Schloss – entstand im 18. Jahrhundert.

66__Die Riesen-Kastanie

So viel größer als der Durchschnitt

Rekorde sind gar nicht so leicht zu bestimmen. Ein Baum etwa kann an unterschiedlichen Stellen gemessen werden. Der Umfang des Stammes bietet sich da genauso an wie der Durchmesser der Krone. Nicht zu vergessen die scheinbar einfachste Größenangabe, die Höhe. Doch kommen beim Vergleichen andere Einflüsse hinzu, wenn die Ergebnisse weitergegeben werden. Da wird dann ungenau formuliert, Hörensagen zur Tatsache und vielleicht auch mal übertreibend zugespitzt.

Dennoch lässt sich von der Esskastanie in Rotscheroth eines mit Sicherheit sagen: Sie ist der größte Baum im Rhein-Sieg-Kreis. So weiß es auch die Gemeinde. Ob es in ganz Nordrhein-Westfalen noch größere Bäume gibt, ist schon schwieriger zu sagen. Da müssen auch wir uns auf den Königsweg der Unsicherheiten begeben, weniger präzise werden und sie einen der größten Bäume des Landes nennen. Einen Stammumfang von über sieben Metern besitzt die Kastanie, deren Alter auf mehr als 400 Jahre geschätzt wird. Über 30 Meter ist sie hoch und die Krone entsprechend breit.

Normalerweise besitzen die auch Edelkastanien genannten Bäume unter hiesigen Bedingungen eher einen Stammumfang von bis zu zwei Metern. Nur wenn sie sehr alt werden, erreichen sie schon mal den doppelten Umfang. Beim Riesen von Rotscheroth wurde es mehr als dreimal so viel. Dabei ist er im Laufe der Zeit innen hohl geworden. Was fortwährenden Schnitt und Pflege verlangt, damit bei Stürmen höchstens größere Äste brechen, wie es unlängst wieder geschehen ist. Noch aber deutet nichts auf das baldige Absterben des Baumes hin. Jährlich treibt die Kastanie neue Äste aus und wartet in dem Waldstück beim Gehöft Rotscheroth darauf, bestaunt zu werden. Die Wanderwege in dem Gebiet sind beliebt, und wer auch weite Strecken nicht scheut, kommt Richtung Osten bis nach Görlitz: An Rotscheroth führt der Wanderweg der Deutschen Einheit vorbei.

Adresse Rotscheroth 1, 53809 Ruppichteroth-Rotscheroth | **Pkw** A 560, Ausfahrt Hennef (Sieg)-Ost, auf B 478 in Richtung Waldbröl/Ruppichteroth, links abbiegen auf Bröltalstraße/B 478 und dort rund 20 Kilometer bleiben, im Kreisverkehr 1. Ausfahrt auf Herchener Straße/L 312, nach einem halben Kilometer links weiter auf Herchener Straße/K 55, nach 1 Kilometer kommt rechts der Abzweig Rotscheroth | **Tipp** Im beschaulichen Zentrum von Ruppichteroth befinden sich in der Pfarrkirche St. Severin vier jeweils dreiteilige Chorfenster, die wahrscheinlich um 1500 in einer Kölner Werkstatt entstanden sind.

67 Die Lourdesgrotte von St. Servatius

Das Heilige neben dem Heiligen

Man muss den altehrwürdigen Bau der Servatiuskirche ein wenig beiseitelassen. Dann findet man den Weg zu einem anderen Ort, auf dem gleichen Grundstück zwar, aber mit ganz eigenständiger Prominenz. In einer mit Bruchsteinen nachempfundenen, bewachsenen und durch ein Gitter geschützten kleinen Grotte steht eine blauweiße Marienfigur. Sie wartet auf ihrem leicht erhöhten Platz auf die Gläubigen, die sich vom Gebet eine heilende Wirkung erhoffen.

Vorbild für eine solche Grotte ist die im südfranzösischen Lourdes, wo im Jahr 1858 der später heiliggesprochenen Bernadette Soubirous die Muttergottes mehrmals erschienen sein soll. Bei einer dieser Erscheinungen offenbarte sie Bernadette in der Grotte von Massabielle eine Quelle mit Heilkraft. Die Amtskirche erkannte Bernadettes Visionen vier Jahre später als echt an, und Marienstatuen wurden nicht nur in den Kirchen aufgestellt, die um die Grotte herum erbaut wurden. Auch in der Grotte selbst steht eine Marienfigur, die gemäß den Beschreibungen der heiligen Bernadette geschaffen wurde. »Lourdesgrotten« ahmen diese Szenerie nach. Besonders im ausklingenden 19. und frühen 20. Jahrhundert wurden sie zum wichtigen Ziel lokaler Wallfahrten. Man findet sie in katholischen Kirchenbauten, etwa in Seitenarmen, oder auch in der Natur, am Weges- oder Waldrand.

Die Kirche, auf deren Grund die Lourdesgrotte in Ruppichteroth steht, ist ein sehr alter Bau. Der von Weitem sichtbare Turm ist von romanischer Bauweise und wurde im 12. Jahrhundert errichtet. Wie so viele Kirchen, deren Ursprünge in dieser Zeit liegen, vollzogen sich an St. Servatius seit dem Ende des 17. Jahrhunderts zahlreiche Um- und Anbauten. Auch die Ausstattung stammt aus unterschiedlichen Epochen. In den 1920er Jahren gab es mit Innenmalereien durch den Kölner Maler Johannes Greferath eine letzte größere Veränderung.

Adresse Herrnsteinstraße 4, 53809 Ruppichteroth-Winterscheid | **ÖPNV** Bus 531, Haltestelle Winterscheid Kirche | **Pkw** A 560, Ausfahrt Hennef (Sieg)-Ost, auf B 478 in Richtung Waldbröl/Ruppichteroth, links abbiegen auf Bröltalstraße/B 478 und dort rund 4 Kilometer bleiben, rechts abbiegen auf K 17, nach 2,5 Kilometern links Richtung Hauptstraße, dort geradeaus, links abbiegen auf Herrnsteinstraße | **Tipp** Von 1928 bis 1935 wurde in Ruppichteroth ein jüdischer Friedhof genutzt. Es sind noch zwei Grabsteine (Mazewot) erhalten, aber man geht von elf Grabstellen aus.

68 Die Naturstammbank

Lang sitzen vor historischem Hintergrund

Wer mit der Seilbahn hoch zu Schloss Burg fährt, kann sich hier erst einmal breitmachen. Seit 2008 steht sie hier, die dem Vernehmen nach längste aus einem Stück Holz gefertigte Bank Deutschlands. Die Bank ist mehr als 22 Meter lang und mit all ihren Bestandteilen eine Tonne schwer. Es brauchte das Technische Hilfswerk und einen Kran, um diese übergroße Sitzgelegenheit dorthin zu wuchten. Früher war die Bank eine Bergische Fichte, die 1922 im Höhrather Wald gepflanzt und 2007 gefällt wurde. Jetzt trägt das Holz kleine Schilder mit den Namen der Unterstützer und Sponsoren, die mit ihrer Spende Projekte rund um das Schloss unterstützen wollen.

Geht man von dort hinter die Schlossmauern, ist das ein weiter Sprung zurück in die Geschichte des Bergischen Landes. Schloss Burg an der Wupper wurde im ersten Drittel des 12. Jahrhunderts als Sitz der Grafen von Berg oberhalb der Wupper erbaut. In den folgenden Jahrhunderten erfuhr das Schloss Umbauten, Wiederaufbauten, war Jagdschloss, Schauplatz politischer Ränkespiele. Es fanden Kriege in seiner Umgebung statt. Auch beherbergten die mittelalterlichen und zwischenzeitlich verlassenen Schlossmauern Gewerbe und Handwerk wie eine Fabrik, welche im 19. Jahrhundert die damals in der Region bekannten Burger Scharzen – Wolldecken nämlich – herstellte.

Im Jahr 1887 besann man sich auf die Denkmalpflege, und der Verein zur Erhaltung der Schlossruine – denn eine Ruine war es ja mittlerweile – gründete sich. Die Spenden für das Vorhaben waren zahlreich, als Erstes wurde unter anderem das innere Burgtor wiederhergestellt. Drei Jahre später begann man mit der Rekonstruktion des gesamten Gemäuers. Mehr als 1.000 Pläne wurden dazu angefertigt. Einen Schlossbauverein gibt es auch heute noch, der zwar zu einem großen Teil durch Spenden, aber auch von den Städten Solingen, Remscheid und Wuppertal als Anteilseigner finanziert wird.

Adresse Schloss Burg an der Wupper, Steinweg, 42659 Solingen-Burg an der Wupper | **ÖPNV** Bus 266, Haltestelle Schloss Burg oder Seilbahn | **Pkw** A 1, Ausfahrt Wermelskirchen, Richtung Schloss Burg/Wipperfürth bis zum Kreisverkehr geradeaus, 3. Ausfahrt (Ostringhausen/L 157) nehmen, dort rund 3 Kilometer weiter, rechts abbiegen auf Burgtalstraße/L 157, Wegweisern folgen | **Tipp** Am Schlossplatz befindet sich die Pfarrkirche St. Martinus, deren ältester Bauteil mit einer romanischen Säulenformation aus dem 12. Jahrhundert stammt.

69_Die Schwebefähre

Lautloser Übergang

Hier lässt sich die Wupper auch ohne Brücke überqueren, nötig ist neben den paar Cent Fährgeld aber auch ein ganz klein wenig Kraft. Eine Art Seilbahn wird nämlich in Sichtweite der Müngstener Brücke nach dem Prinzip einer Draisine bewegt. Bis zu neun Personen können auf diesem ausschließlich für den Brückenpark entwickelten Gefährt übersetzen. Notfalls hilft der Fährmann jederzeit beim Hebeln mit. Beim Überqueren der Wupper wechselt man zwischen Solinger und Remscheider Ufer, ebenso wie in den Zügen, die die Müngstener Brücke befahren. Die Stahlkonstruktion aus dem späten 19. Jahrhundert ist wohl eines der bekanntesten Bauwerke im Städtedreieck. Heute pendelt die Regionalbahn »Müngstener« zwischen Wuppertal und Solingen über sie hin und her, wenn nicht gerade mal wieder ein Neuanstrich fällig ist oder gar eine noch größere Renovierung.

Der Brückenpark besteht in der heutigen Form seit 2006. Allerdings setzten erste Touristenströme in das Tal schon mit dem Bau der Müngstener Brücke ab 1893 ein, denn die höchste Eisenbahnbrücke Deutschlands wurde bald schon als technisches Meisterwerk populär. Die entsprechenden Mythen ließen nicht auf sich warten. So heißt es, eine der 950.000 verbauten Nieten sei aus Gold gewesen.

Die Gastronomie reagierte, es wurden Restaurants und ein Hotel eröffnet. In den 1950er Jahren ergänzten Kioske, ein Minigolfplatz und ein Märchenwald das touristische Angebot. Heute hat das Gebiet nicht mehr viel von einem solchen »Rummelplatz«. Die Natur steht wieder im Vordergrund. Denn nachdem das Areal an Anziehungskraft eingebüßt hatte, wurden im Zuge der »Regionale 2006« der teils zugewucherte Park in der Wupperaue neu angelegt und die Wanderwege erneuert. Und mit der Schwebefähre gibt es nun eine neue einzigartige technische Sehenswürdigkeit an dieser Stelle.

Adresse Müngstener Brückenweg 71, 42659 Solingen-Burg an der Wupper | ÖPNV Regionalbahn RB 47, Bahnhof Solingen Schaberg, dann 10 Minuten Fußweg, oder Bus 658, Haltestelle Brückenpark | Pkw A 3, Ausfahrt Solingen, auf B 229 in Richtung Wiescheid fahren und Bundesstraße circa 12 Kilometer folgen, dann rechts abbiegen auf Müngstener Brückenweg | Öffnungszeiten Dez.–Feb. geschlossen; März Sa, So 11–17 Uhr; April–Nov. täglich 11–18 Uhr (bei Regen, Frost, Sturm, Temperaturen über 32 Grad kein Fährbetrieb; beim Hochwasser 2021 wurde die Fähre stark beschädigt. Die geplante Wiedereröffnung war bei Drucklegung noch nicht terminiert.) | Tipp Die Diederichs-Tempel sind zwei Aussichtspavillons im neoromanischen Stil beidseits der Wupper mit schöner Aussicht auf Schloss Burg beziehungsweise die Müngstener Brücke.

70 Das einstige Café Müller

Erst nur ein Café, dann große Kunst

Berühmt wurde Pina Bausch in Wuppertal mit ihrem Tanztheater. Geboren wurde sie 1940 in Solingen, und man kann sich vor Ort mit etwas Phantasie ein Bild davon machen, welche Wirklichkeit in ihr choreografisches Werk eingegangen ist. Phantasie braucht man, weil ihr Elternhaus Focher Straße 10/12 abgerissen wurde und ein anderer wichtiger Ort ihrer Kindheit und Jugend sich gewandelt hat. In den Räumen vom einstigen Café Müller befindet sich heute die Apotheke am Central.

In welcher Form auch immer, aufgegriffen hat sie die Erfahrungen von damals auf jeden Fall. Welchen Grund sonst sollte der Titel eines ihrer erfolgreichsten Bühnenwerke gehabt haben: das 1978 in Wuppertal uraufgeführte »Café Müller«. Hier entwickelte sie zum ersten Mal ein Stück ganz in freier Form, ohne eine Vorlage etwa durch Literatur. Von da an wurde dieses Arbeiten zum Grundprinzip ihrer Choreografien. Indem sie zudem den Tanz mit anderen Ausdrucksformen verband, wurde sie zu einer der bedeutendsten Tanzkünstlerinnen der Gegenwart. In »Café Müller«, einem ihrer Lieblingsstücke, tanzte Pina Bausch immer wieder auch selbst.

Jenes Café Müller, wo das noch Philippina gerufene Mädchen schon Kuchen gekauft hatte, war von acht Uhr bis Mitternacht geöffnet und als Treff in Solingen bekannt. Zwei Häuser weiter befand sich das Elternhaus samt »Hotel Diegel« und Kneipe, in der sie, laut eigener Auskunft, groß geworden ist. Früh schon nahm sie an beiden Orten also teil am Scheitern und Gelingen von Begegnungen, einem zentralen Motiv ihrer Kunst.

Bis in die 1980er Jahre trat sie in Solingen auch auf. Dann scheint es Irritationen gegeben zu haben. Natürlich hat sie auch hier zahlreiche Fürsprecher wie im Pina-Bausch-Freundeskreis. Auf dessen Vorschlag hin wurde kurz nach dem Tod der Tänzerin 2009 der Saal des Theater- und Konzerthauses Solingen in »Pina-Bausch-Saal« umbenannt.

Adresse Dahler Straße 1, 42653 Solingen-Gräfrath | ÖPNV Busse 682 und 683, Haltestelle Central | Pkw A 3, Ausfahrt Solingen, auf B 229 in Richtung Wiescheid und Bundesstraße für circa 10 Kilometer folgen, im Kreisverkehr 2. Ausfahrt (Kölner Straße) nehmen, dann links auf Goerdelerstraße / B 224, dort 2 Kilometer links auf Focher Straße / L 85, 1. rechts auf Dahler Straße | Tipp In der Gräfrather Heide gibt es mit dem Tierpark Fauna einen kleinen Zoo mit etwa 500 Tieren, die sich auf 116 Arten aufteilen.

71 Der Lichtturm

Vom Wasserbehälter zum lichten Raum

Bevor die Talsperren für wachsende Städte und Gemeinden die Versorgung mit ausreichenden Wassermengen sicherstellten, verschafften Wassertürme Abhilfe bei Mangel. Im Bergischen Land sind sie, umgewandelt, immer noch in unterschiedlicher Form und Größe zu finden. Wie sehr diese Türme für die jeweiligen Einwohner von Bedeutung sind, zeigte sich, als sie zur Wasserversorgung nicht mehr benötigt wurden. Selbst ein sehr kleiner Behälter wie etwa in Odenthal-Neschen war den Bewohnern des Dorfs schon vor Jahren die Anstrengung wert, ihn zu restaurieren.

Den einstigen Wasserturm in Gräfrath macht eine eigene Art von »Strukturwandel« besonders sehenswert. Er wurde 1904 nach dem sogenannten Intzeprinzip errichtet. Der auch für den Talsperrenbau so wichtige Ingenieur Otto Intze hatte bereits Ende des 19. Jahrhunderts einen Wasserbehälter konstruiert, dessen nach oben gewölbter Boden ein Ringanker zusammenhält, sodass die Last des Wassers ohne waagerecht wirkende Kräfte auf die Turmwand abgetragen wird. So konnten Türme weniger massiv gebaut werden. Der erste Behälter nach diesem patentierten Prinzip entstand in Remscheid 1883.

Genau 100 Jahre später wurde der Betrieb des Solinger Wasserturms eingestellt. Obwohl er entgegen ersten Abrissplänen bald schon als Baudenkmal angesehen wurde, verfiel der Turm, bis der Solinger Lichtdesigner Johannes Dinnebier sich 1993 seiner annahm und ihn in einen Lichtturm verwandelte. Ein Zylinder aus Glas ersetzt heute den Wasserbehälter und macht den Turm mit seinem lichten Raum zu einem magischen Ort. Nicht nur das Unternehmen des Lichtdesigners benutzt ihn heute für die eigenen Belange. Mit den »Turmspielen« gibt es eine regelmäßige Veranstaltungsreihe für Kultur in allen ihren Spielarten. Unabhängig von alldem aber bietet der Lichtturm noch etwas ganz Wesentliches: eine großartige Aussicht auf das Bergische Land.

Adresse Lützowstraße 340, 42653 Solingen-Gräfrath | **ÖPNV** Bus 695, Haltestelle Eugen-Maurer-Heim | **Pkw** A 46, Ausfahrt Haan-Ost, Richtung Vohwinkel/Solingen, links abbiegen auf L 357, nach 1 Kilometer links abbiegen auf Westring, kurz danach rechts abbiegen auf Höhe, weiter auf Roßkamper Straße, nach 650 Metern rechts abbiegen auf Ehrenhainstraße, weiter auf Lützowstraße | **Öffnungszeiten** je nach Veranstaltung und auf Anfrage, Tel. 0212/3837947 | **Tipp** In einem Teil des Deutschen Klingenmuseums gibt es ein eigenes kleines Gräfrath-Museum mit Exponaten aus der Geschichte des Stadtteils.

72 Die Sammlung Jürgen Serke

Verbrannte Dichtung und verfemte Künstler

Jürgen Serke war mit seinem im Jahr 1977 erschienenen Buch »Die verbrannten Dichter« nicht der Einzige, der sich seinerzeit mit Literatur beschäftigte, die im Nationalsozialismus verboten war. Er war aber sicher derjenige, der am erfolgreichsten dazu beitrug, viele der vergessenen und von den Nationalsozialisten verfolgten Autoren einer größeren Öffentlichkeit bekannt zu machen. Durch seine Beschäftigung mit der Exilliteratur wuchs eine private Sammlung von deren Zeugnissen. In einem zweiten Projekt ging er jener zwischen Böhmen und Mähren entstandenen deutschsprachigen Literatur nach, die ebenfalls durch den Nationalsozialismus mitsamt den Nachkriegsfolgen des Kalten Krieges in Vergessenheit geraten war.

Das Kunstmuseum Solingen hat die »Sammlung Jürgen Serke« als Dauerleihgabe erhalten und zeigt sie als klassische Ausstellung zur Literatur. Zu sehen sind Erstausgaben mit Widmungen, Manuskripte, Zeitungsausschnitte, Fotos und Autografen, begleitet von Kommentaren, die helfen, Zusammenhänge zu erkennen und Hintergründe zu verstehen.

Das Kunstmuseum Solingen stellt im einstigen Gräfrather Rathaus aber natürlich auch dem Namen gemäß Kunst aus. Solinger Künstler aus unterschiedlichen Epochen sind zu sehen, zeitgenössische Kunst in Wechselausstellungen, und als weiterer Schwerpunkt sind Werke jener Generation bildender Künstler zu sehen, die den vergessenen Dichtern entspricht. Vor 1933 standen sie am Anfang ihres Schaffens, hatten erste Erfolge, doch ihre Karrieren wurden durch die Machtergreifung Hitlers vernichtet. Ob nach innerer Emigration oder Exil, dem Ende des Zweiten Weltkriegs folgte für nur wenige dieser Künstler ein erfolgreiches Ankommen im Kunstbetrieb der Bundesrepublik. Mit dieser reichhaltigen Schau von »verfemter Kunst« ist das Kunstmuseum Solingen einzigartig in Deutschland.

Adresse Kunstmuseum, Wuppertaler Straße 160, 42653 Solingen-Gräfrath | **ÖPNV** Bus 683, Haltestelle Gräfrath | **Pkw** A 46, Ausfahrt Haan-Ost, Richtung Solingen fahren und links abbiegen auf L 357, Straßenverlauf bis zum Ende folgen, dann rechts abbiegen auf B 224/Wuppertaler Straße | **Öffnungszeiten** Di–So 10–17 Uhr | **Tipp** Der historische Ortskern von Gräfrath rund um den Markplatz zeigt sich mit seinen schieferverkleideten bergischen Fachwerkhäusern und den angrenzenden engen Gassen seit dem 18. Jahrhundert kaum verändert.

73 Das Waschhaus der Siedlung Weegerhof

Sozialer Fortschritt durch Maschinen

Wäsche zu waschen war in früheren Zeiten eine harte körperliche Arbeit. Vor dem Waschtag wurde die Wäsche eingeweicht, um am nächsten Tag mit der Vorwäsche zu beginnen. Dann wurde gewrungen und eingeseift. Flecken auszubürsten war die Regel. In heißer Seifenlauge wurde die Wäsche danach immer wieder gerührt und niedergedrückt. Alles geschah in feuchtheißer Luft. Danach kam das Waschbrett zum Einsatz, und schließlich musste die Wäsche so lange ausgespült werden, bis das Wasser klar blieb.

So war der Bau eines zentralen Waschhauses, in dem maschinelle Unterstützung geboten wurde, in der Siedlung Weegerhof auch Ausdruck des sozialen Fortschritts für die dort wohnenden Arbeiter und kleinen Angestellten der Schneidwarenindustrie. Gerade das Waschen der stark verschmutzten Arbeitskleidung erleichterten die Maschinen sehr. Ein Waschmeister beaufsichtigte den Betrieb und die Einhaltung der vielfältigen Regeln. An einem Waschtag durfte etwa ein Maximalgewicht an schmutziger Wäsche pro Person nicht überschritten werden. Wahrscheinlich war mit dem halböffentlichen Raum zudem die Hoffnung auf Austausch verbunden.

Der Weegerhof mit seinen 185 Wohnhäusern wurde von 1927 bis 1929 nach Plänen des Architekten Franz Perlewitz im Auftrag der Solinger Baugenossenschaft Spar- und Bauverein gebaut. Oft zeigt sich bei Bauprojekten dieser Art und Zeit der Einfluss der Bauhausarchitektur. In der Siedlung Weegerhof findet sich deren kubische Formensprache tatsächlich nur beim Waschhaus wieder. Die Wohngebäude folgen in ihrer Architektur dagegen traditionellen Bauweisen. Noch bis 2005 wurde das Waschhaus seinem ursprünglichen Bauzweck gemäß genutzt. Drei Jahre später wurde das wahrscheinlich letzte Siedlungswaschhaus Deutschlands mit seiner fast unverändert erhaltenen Einrichtung zur Nebenstelle des LVR-Industriemuseums.

Adresse Hermann-Meyer-Straße, 42657 Solingen-Höhscheid | ÖPNV Busse 682 und 250, Haltestelle Weeger Hof | Pkw A 3, Ausfahrt Solingen, auf B 229 in Richtung Wiescheid, dann links abbiegen auf Hardt/B 229 und dort für 1,7 Kilometer bleiben, rechts halten auf Landwehrstraße/B 229 und dort für 6,5 Kilometer bleiben, rechts abbiegen auf Hermann-Meyer-Straße | Öffnungszeiten Feb.–Nov. jeden 1. Sonntag im Monat 11–13 Uhr, Information Tel. 0212/815201 | Tipp Am Rand des Zentrums befindet sich in der Goerdeler Straße die neugotische Kirche St. Clemens, deren Wiederaufbau nach dem Zweiten Weltkrieg nach Plänen von Dominikus Böhm erfolgte.

74 Das Mahnmal Brandanschlag

Zum Gedenken

Am 29. Mai 1993, dem Pfingstwochenende, starben nach einem Brandanschlag auf die Untere Wernerstraße 81 fünf Menschen: Frauen und Mädchen im Alter zwischen vier und 27 Jahren. Weitere Mitglieder der Familie Genç erlitten teilweise schwerste Verletzungen durch die Flammen. Schnell wurde deutlich, die Tat hatte einen rechtsextremen Hintergrund. Seit Anfang der 1990er Jahre war es zu einer Eskalation an Gewalttaten gegen Menschen ausländischer Herkunft gekommen. Im Jahr zuvor hatte ein tobender Mob in Rostock-Lichtenhagen eine Aufnahmestelle für Asylbewerber und ein Wohnheim von Vietnamesen über Tage belagert, ohne dass die Polizei einschritt. Auch in Mölln sterben Menschen bei einem Brandanschlag. Die Mehrheit der deutschen Bevölkerung ist entsetzt über die Taten, doch die politische Diskussion in der Zeit wirkt in Teilen auch widersprüchlich. So war drei Tage vor der Solinger Tat im Bundestag der sogenannte Asylkompromiss beschlossen worden, eine Minderung des Asylrechts.

Auch wenn die Täter, junge Solinger aus teils soliden Elternhäusern, schnell gefasst wurden, blieben die Bürger der Stadt voller Entsetzen zurück – zu schockierend die Bilder der Brandruine und zu groß das Mitgefühl mit seinen türkischstämmigen Bewohnern. Seit 1994 gibt es ein Mahnmal vor dem Mildred-Scheel-Berufskolleg, auf das eines der Opfer zur Schule ging. Auch wenn der Bezug zur Familie Genç und die Tat erkennbar sind, viele stoßen sich nach wie vor daran, dass dieser Standort 2,5 Kilometer vom Zentrum entfernt ist, dass kein Platz oder keine Straße zum Gedenken umbenannt wurde.

Zum zweiten Ort des Gedenkens wurde das Grundstück des abgerissenen Tatort-Hauses. Dort findet sich ein Stein mit den Opfernamen. Die fünf für die Ermordeten gepflanzten Kastanien sind mittlerweile üppig gewachsen, können aber die Lücke kaum füllen.

Adresse Beethovenstraße 225, 42655 Solingen-Merscheid | **ÖPNV** Bus 681, Haltestelle Stadtwerke | **Pkw** A 3, Ausfahrt Solingen, auf B 229 in Richtung Wiescheid, nach circa 2 Kilometern weiter auf Landwehr/L 288, rechts auf Südstraße/L 141, links auf Hackhauser Straße/L 141, die zur Beethovenstraße wird.

75__Das Café Hubraum

Pause nach der Übung an der Kurventechnik

Wenn über dem Bergischen Land die Sonne scheint, kommen die Wochenendausflügler nicht nur zum Wandern und Fahrradfahren. Für nicht wenige Menschen gibt es an solchen Tagen ein anderes Hobby, für das die Region durch ihre Topographie bestens geeignet ist: das Motorradfahren. Manche Teilstrecken des Landstraßennetzes im Bergischen werden dann auf längeren Touren besonders oft angefahren. Da ist die L 74 etwa von Kohlfurth zum Sonnborner Kreuz, zweispurig ausgebaut, inzwischen aus gutem Grund teils mit Überholverboten für Motorräder versehen, oder auch die L 409 von Remscheid nach Kürten. Auf der Serpentine nahe dem Altenberger Kloster Richtung Blecher wenden sogar zuweilen Motorradfahrer am Ende, um die Strecke erneut zu fahren. So kommt im zuständigen Odenthaler Rathaus das Thema Blecher-Serpentine regelmäßig auf den Tisch, weil die Interessen der Anwohner mit denen der Motorradausflügler vereinbart werden müssen.

Bei der entspannenden Rast unter Gleichgesinnten sind solche Schwierigkeiten fern. Das Café Hubraum bietet sich dafür als Ort an. Zwar verspricht der Slogan, das Café sei »für jedermann«, sieht man die zahlreichen Bikes vor der Tür, weiß man: Hier treffen sich Leute mit ähnlichem Interesse. Das Konzept funktioniert schon seit Jahrzehnten. Sehen und gesehen werden gehört natürlich auch dazu, wenn Lack und Chrom von getunten Maschinen in der Sonne blitzen.

An Sommertagen parken hier meist weit über 100 Motorräder, während Fahrer und Beifahrer am Wupperufer unter den Bäumen den Schatten suchen. Dort wurde Sand aufgeschüttet, und der Biergarten vollzieht den fließenden Übergang zur Strandbar. Das Café selbst erweist sich im Innenraum als Kneipe im bergischen Stil. Die Zapfanlage ist in einen Kawasaki Z1000 Motor eingebaut, und Motorradteile wirken als Dekoration ebenso gut wie Nippes oder Kunsthandwerk.

Adresse Kohlfurther Straße 45, 42651 Solingen-Mitte | **ÖPNV** Bus CE 64, Haltestelle Solingen-Kohlfurth | **Pkw** A 3, Ausfahrt Solingen, auf B 229 in Richtung Wiescheid, links auf Hardt, B 229 folgen, im Kreisverkehr 2. Ausfahrt (Kölner Straße), links auf B 224, rechts auf Kuller Straße, links halten auf L 427 | **Öffnungszeiten** April–Sept. Mo–Do 12–23 Uhr, Fr ab 12 Uhr, Sa ab 10 Uhr, So, Feiertage 10–22 Uhr; Okt. Mo–Do 17–23 Uhr, Fr 16 Uhr–24 Uhr, Sa ab 10 Uhr, So, Feiertage 10–23 Uhr; Nov.–März Mo–Fr 17–23 Uhr, Sa 12–24 Uhr, So, Feiertage 10–23 Uhr | **Tipp** In Kürten befindet sich mit dem Landhaus Fuchs ein weiterer beliebter Bikertreff, der auch das Ziel von vielen Wanderungen und Fahrradausflügen ist.

76 Das Museum Plagiarius

Von Original und Fälschung

Am Anfang stand ein Preis. Seit 1977 wird jährlich der Plagiarius vergeben, eine negativ zu verstehende Auszeichnung für besonders »gelungene« Kopien. Ein schwarzer Zwerg mit goldener Nase wird an Hersteller und Händler überreicht, die mit der Nachahmung eines Markenprodukts großen Gewinn gemacht haben. Initiator war der Designer Rido Busse, der seine 1965 entworfene Briefwaage in den 1970er Jahren als Fälschung auf einer Konsumgütermesse wiederfand, neben seinem Original ein paar Stände weiter.

Über die Jahre sammelte sich so viel Material, dass mit der Umgestaltung des ehemaligen Solinger Bahnhofsgeländes zu einem Ort für Design, Ateliers und Ausgehen die Chance ergriffen wurde, dort auch ein zum Thema passendes Museum zu eröffnen. Seit 2007 werden nun Plagiate und die als Vorbild genutzten Originale nebeneinander ausgestellt. Ein paar hundert sind das mittlerweile, und jährlich kommen nicht nur die neuen Preisträger hinzu, sondern auch vieles von dem, was der Zoll regelmäßig findet. Von Plagiaten sind die meisten Branchen betroffen. Ob Werkzeuge, Automobilzubehör, Unterhaltungselektronik oder Designprodukte, gefälscht wird, was viel Gewinn verspricht.

Was so mancher Besucher des Museums als das altbekannte Ratespiel von Original und Fälschung empfinden mag, schädigt Unternehmen und Freiberufler. Die Öffentlichkeit dafür sensibilisieren, heißt also das Motto im Museum. Nicht zuletzt deshalb wird es durch sehr viele Förderer aus der Wirtschaft unterstützt. Es sind meistens mittelständische Unternehmen, die durch Plagiate hohe Umsatzeinbußen hinnehmen müssen. Bergische Unternehmen sind davon im Besonderen betroffen, wenn etwa der für Schneidwerkzeuge bekannte und registrierte Markenname »Solingen« auf minderwertige Ware geprägt wird. Das Qualitätslabel »Made in Germany« kann also durchaus Schaden anrichten – wenn es zum Plagiat anregt.

Adresse Bahnhofstraße 11, 42651 Solingen-Mitte | **ÖPNV** Bus 250, Regionalbahn RB 47, Haltestelle Grunewald Bahnhof | **Pkw** A 3, Ausfahrt Solingen, auf B 229 in Richtung Wiescheid fahren, links abbiegen auf Hardt / B 229 und dort knapp 2 Kilometer weiter, rechts halten auf Landwehrstraße / B 229, dort weiter für 7,5 Kilometer, rechts abbiegen auf Birkenweiher, dann rechts auf Bahnhofstraße | **Öffnungszeiten** Fr 9.30 – 13 Uhr und 13.30 – 17 Uhr, Sa, So 13 – 17 Uhr | **Tipp** Im Rahmen der Regionale 2006 wurde der Südpark geschaffen: ein innerstädtisches Quartier mit Künstlerateliers, Wohnungen und Gastronomie auf einem ehemaligen Bahngelände.

77 Der Brezelbote

Zu einer kulinarischen Tradition finden

Durch Unterburg wandert einer, der Tradition verkörpert, bekannt geworden über Stadt und Region hinaus. Ausgestattet mit Stock und Pfeife, trägt er auf dem Rücken einen Weidenkorb mit Backwerk, das er verkaufen wird. Es sind die Burger Brezeln, und jener »Kiepenkerl«, also ein umherziehender Händler, ist in einem Denkmal verewigt. Seit 1989 steht es in der Nähe der Brücke über die Wupper – und rückt ein vom Aussterben bedrohtes Backwerk ins Gedächtnis.

Ende des 18. Jahrhunderts soll das Rezept aus Frankreich ins Bergische gelangt sein. Ein verletzter Soldat aus dem Burgund wurde von der Bäckerfamilie Hösterey – damals noch in Burg ansässig – gepflegt und überließ ihr zum Dank das Rezept für die Brezel, von der man scherzhaft sagt, sie sei aus Lehm und Wupperwasser gebacken.

Tatsächlich erinnert der kräftig gebackene süße Hefeteig in Konsistenz und Geschmack an Zwieback. So war er lange haltbar und mit einem Band um den Hals gut zu transportieren – eine perfekte Wegration, aber auch gut geeignet als Kindernahrung. Im Oberbergischen gehört die recht große Burger Brezel häufig zu der »Bergischen Kaffeetafel«, lässt sie sich doch in Stückchen gut in den Kaffee tunken oder auch »zoppen«, wie man dort sagt.

Für Bäckereien ist die Herstellung von Burger Brezeln längst nicht mehr lukrativ. Zu aufwendig ist das Formen des »Schnackenstocks«, denn dieser besondere Brezelknoten muss nach wie vor per Hand gesponnen werden. Keine Maschine schafft es, den vier- bis fünfmal geschlungenen Knoten automatisch zu produzieren. So gibt es in Solingen beziehungsweise Wuppertal die einzigen drei verbliebenen Bäckereibetriebe, die das ehemals so erfolgreiche Handwerk noch verstehen und die original Burger Brezel weiterhin backen. Für den Erhalt dieses Stücks Regionalgeschichte setzen sich sogar der Verein Slow Food und ein eigener Arbeitskreis ein.

Adresse Schloßbergstraße, 42659 Solingen-Unterburg | ÖPNV Bus 683, Haltestelle Burg Brücke, Solingen | Pkw A 1, Ausfahrt Wermelskirchen, Richtung Schloss Burg/Wipperfürth, im Kreisverkehr 3. Ausfahrt (Ostringhausen/L 157) nehmen; weiter auf L 157, rechts auf Burgtalstraße/L 157, links abbiegen auf Eschbachstraße/L 407, wieder links auf Mühlendamm, weiter auf Schloßbergstraße | Tipp Die Bäckerei Erich Veith bietet als letztes Unternehmen in Solingen die originale Burger Brezel an.

78 Die Obus-Drehscheibe

Das E-Mobil mit langer Tradition

Rund sieben Kilometer geht es ins Tal, dann sieht man sie: die Obus-Drehscheibe. Durch sie können die Obusse auf der Stelle gedreht werden, um die Fahrtrichtung zu ändern. Weltweit gab es nur vier Anlagen dieser Art, zwei in Großbritannien, eine in Mexiko – und eben diese in Solingen. Hier wurde die Drehscheibe bis 2009 am längsten im internationalen Vergleich planmäßig genutzt. Heute sieht man den historischen Obus am Wochenende hier wenden.

Überhaupt, zum Ausflug nach Solingen gehört auch eine Fahrt mit dem »Stangentaxi«, wie das eher seltene Verkehrsmittel Obus auch immer mal wieder genannt wird. So lässt sich die Stadt im wortwörtlichen Sinn erfahren. Kombiniert mit einer Seilbahnfahrt zu Schloss Burg, kommt sogar eine Hauptsehenswürdigkeit zur Tour hinzu.

Insgesamt rund 100 Kilometer lassen sich mit Obussen zurücklegen, sechs entsprechende Linien gibt es – solche Zahlen machen Solingen zur Stadt mit dem größten Obus-Betrieb in Deutschland. Allerdings: Es gibt nur zwei weitere deutsche Städte mit Obus-Netz, nämlich Eberswalde und Esslingen am Neckar.

Früher war der Obus oder Trolley populärer. In den 1950er und 1960er Jahren erlebte das elektrisch betriebene Verkehrsmittel seine Hochphase.

Im Juni 1952 transportierte in Solingen ein Obus erste Fahrgäste. Die Grundidee für ein solches Fortbewegungsmittel war schon im 19. Jahrhundert entwickelt worden. Damals sinnierten die Brüder Siemens über eine »elektromagnetische Droschke«, die die Reisenden »gewiss nicht im Dreck sitzen lässt«. Im Jahr 1882 entstand daraus die erste elektrisch betriebene Wagonette, das Elektromote, an dessen Entwicklung Siemens & Halske parallel mit der ein Jahr zuvor vorgestellten Straßenbahn arbeiteten. Elektrisch betriebene Busse waren damit zumindest im Prototyp einige Jahre früher fahrbereit als ihre kraftstoffbetriebenen Pendants.

Adresse Eschbachstraße (L 407, auf Höhe der Wupperbrücke), 42659 Solingen-Unterburg | **Pkw** A 1, Ausfahrt Wermelskirchen, Richtung Schloss Burg/Wipperfürth, der L 157 folgen, dann links auf Eschbachstraße/L 407 (wird zur Solinger Straße) | **Tipp** Auf dem Betriebshof der Stadtwerke Solingen unterhält das Obus-Museum Solingen eine kleine Ausstellung historischer Fahrzeuge und Gerätschaften, die man nach Anmeldung besichtigen kann. Kontakt nur per E-Mail unter obus@obus-museum-solingen.de.

79 Die Sendeanlage in Langenberg

Technik und Wahrzeichen

Schon über die Spargelfelder der Nachbargemeinde hinweg ist der Sendemast von Weitem zu sehen. Wie ein Wahrzeichen von Langenberg steht er auf dem 245 Meter hohen Hordtberg. Welch Kontrast zur malerischen Altstadt, den historischen Fassaden, den kleinen Treppen zwischen den Häusern und dem Kopfsteinpflaster. In die unmittelbare Nähe dieses besonderen Orts der Technikgeschichte gelangt man allerdings nicht, doch das umliegende Gebiet ist ein gern besuchtes Ausflugsziel mit vielen Wanderwegen.

Als der Sender im Januar 1927 mit der damals stärksten Kilowattleistung Europas in Betrieb ging, gab es in der Region bereits seit drei Jahren ein Radioprogramm. Zunächst war die Westdeutsche Funkstunde in Münster beheimatet, weil sich die Rhein-Ruhr-Region im Besatzungsstatus befand und die Gründung eines Rundfunksenders nicht erlaubt war. Das wurde 1926 anders, und nach heftigem Werben in Düsseldorf und Köln samt kleiner Bosheiten gegenüber dem Konkurrenten erhielt Konrad Adenauer als damaliger Kölner Oberbürgermeister den Standortzuschlag für das nun Westdeutscher Rundfunk genannte Funkhaus. Schnell wurde aber deutlich, die Sendeleistung in Langenberg musste erhöht werden, damit auch Hörer in Köln das Programm deutlich empfangen konnten.

Über die Jahre hinweg sah es auf dem Hordtberg immer wieder anders aus. Der Grund waren sowohl Zerstörungen durch Orkansturm und Zweiten Weltkrieg als auch notwendige Veränderungen durch die technische Entwicklung. Heute gehören zwei Sendemasten zur Anlage. Der kleinere liegt in der Ortschaft Rommel rund 650 Meter vom größeren entfernt. Letzterer ist mit seinen rund 300 Metern fast so hoch wie der Pariser Eiffelturm. Als Eigentümer schickt der WDR seine Hörfunk- und Fernsehprogramme an Millionen von Nutzern in ganz Nordrhein-Westfalen.

Adresse Richard-Tormin-Straße 2, 42555 Velbert-Langenberg | **Pkw** A 535, Ausfahrt Tönisheide, Richtung Langenberg, dort L 107 folgen, die übergeht in L 433, dann rechts abbiegen auf Panner Straße / K 30, dann scharf links auf Hordtstraße, dann rechts, um auf Hordtstraße zu bleiben, und links auf Richard-Tormin-Straße | **Tipp** Das Industriemuseum Cromfort ist das weltweit einzige Museum, das die Verarbeitung vom Rohstoff Baumwolle zum fertigen Garn an nachgebauten Maschinen des 18. Jahrhunderts demonstriert.

80 Die Kirchenfenster vom Mariendom

Wandfarbe für den Beton

Der Kontrast könnte nicht größer sein. Zunächst das Dunkel des Eingangsbereichs, kurz darauf das kaum vorhandene Licht, wenn man den großen Kirchenraum betritt. Die Fenster auf Höhe der Empore vermögen das Halbdunkel nicht zu erhellen. Dann aber erfasst der Blick das Licht in Höhe des Altars, das so intensive Rot, das die Betonwände aufleuchten lässt. Vom Sonnenlicht verstärkt, scheint es doch so, als bliebe dieses Rot der einander gegenüberliegenden Fenster auch bei schlechterem Wetter von beeindruckender Strahlkraft.

Der Architekt der Wallfahrtskirche, Gottfried Böhm, hat auch die Fenster entworfen. Sie bilden in ihrer Farbigkeit einen starken Gegensatz zu dem umfangreich verbauten Sichtbeton, der diese Kirche so besonders gemacht hat. Ein Heilig-Geist-Fenster, ein Fischfenster, ein Flammenfenster und das Pfingstfenster bilden das beeindruckende Glasensemble. Die Rose, Symbol für Maria, fängt den Blick des vom Raumeindruck überwältigten Betrachters.

Neviges ist schon seit dem 17. Jahrhundert Wallfahrtsort, als aus Dorsten jenes Marienbild hergebracht wurde, das zu einem Franziskaner gesprochen haben soll. Ab dem Jahr 1968 stand die neue Kirche den Gläubigen offen. Der Bau, der in der ganzen Welt für Anerkennung sorgte, war bei den Bürgern anfangs mit Skepsis aufgenommen worden. Die mehrheitlich evangelische Bevölkerung empfand diesen nach dem Kölner Dom mit seinem Raum für 6.000 Gläubige zweitgrößten Kirchenbau in der Erzdiözese als Irritation, eher spöttisch sprach man vom »Betonfelsen«. Der Architekt selbst hatte einmal formuliert, die Bauformen seien als Anpassung an die Landschaft des Bergischen Landes zu sehen. In den letzten Jahrzehnten wandelte sich etwas im Verhältnis von Bauwerk und Bürgern: Die meisten sind heute stolz auf den in die Kunstgeschichte eingegangenen Mariendom.

Adresse Elberfelder Straße 12, 42553 Velbert-Neviges | **ÖPNV** Bus VRR 647, Haltestelle Velbert Lohbachstraße, und S-Bahn S9, Haltestelle Neviges Markt | **Pkw** B 224 (teilweise A 535), Ausfahrt Velbert-Tönisheide, den Hinweisschildern Mariendom folgen, am Ortseingang großer Pilgerparkplatz, fünf Minuten Fußweg | **Öffnungszeiten** täglich 9–17 Uhr | **Tipp** Schloss Hardenberg liegt gleich nebenan – ein barockes ehemaliges Wasserschloss, das aus Hauptgebäude und einer Vorburg besteht und in einer Parkanlage liegt. In der Vorburg finden häufig Kulturveranstaltungen statt.

81 Die Friedensmauer

Was übrig bleibt von Allmachtsphantasie

Oberhalb der Waldbröler Altstadt, eingefasst von einer großen Wiese auf der einen und einem Waldstück auf der anderen Seite, erstreckt sich über 450 Meter die sogenannte Friedensmauer. Was heute gefällig klingt, trägt eine dunkle Vergangenheit, die sich offenbart, wenn man ihren zweiten, inoffiziellen Namen kennt. Die »Hitlermauer« war in der Zeit des Nationalsozialismus als Stützmauer einer nie vollendeten Eliteschule errichtet worden.

Nahe Waldbröl war der NS-Funktionär Robert Ley geboren und aufgewachsen. Der Leiter der Deutschen Arbeitsfront (DAF), des Einheitsverbandes von Arbeitgebern und Arbeitnehmern im Nationalsozialismus, hatte Großes mit seiner Heimat im Sinn, wovon die Schule nur ein Teil war. Ihm schwebte die Industrialisierung des kleinen Ortes vor. Ein »Volkstraktoren-Werk« sollte errichtet werden, verbunden mit großen Infrastrukturprojekten wie einem Autobahnanschluss und einer Vervierfachung der Bevölkerungszahl. Vorbild war das Volkswagenwerk mit der entstehenden Stadt, dem Kern des heutigen Wolfsburg. Zunächst wurde dort der KdF-Wagen der Nazi-Freizeitorganisation »Kraft durch Freude« in geringen Stückzahlen hergestellt, danach folgten nur noch Fahrzeuge für den Krieg.

In Waldbröl kam es so weit erst gar nicht. Zwar brachte Ley einen großen Teil der Bauern dazu, ihren Landbesitz an die DAF zu verkaufen. Was jedoch 1940 mit großen Versprechungen begonnen hatte, endete zwei Jahre später schon wieder: Die Pläne für ein Traktorenwerk kamen zum Erliegen. Diejenigen, die ihr Land verkauft hatten, mussten noch jahrelang Miete zahlen, um ihr ehemaliges Grundstück bewohnen zu dürfen. Einzig die Mauer ist übrig von alldem.

In den Schulen von Waldbröl ist dieser Teil der Lokalgeschichte grundlegendes Thema, und so restaurierten Schüler unlängst, was Jugendliche schon 1982 an die Mauer schrieben. »Nie wieder Krieg«, heißt es weiterhin auf der Mauer als Mahnmal für den Frieden.

Adresse Auf der Kirchenhecke, 51545 Waldbröl | **ÖPNV** Bus 530, Haltestelle Busbahnhof Waldbröl | **Pkw** A 4, Ausfahrt Reichshof/Bergneustadt, Richtung Reichshof-Denklingen, Waldbröl, Morsbach, dann B 256 bis Waldbröl folgen, dort links in Schaumburgweg, bei Gabelung rechts in Gneisenaustraße, links in Wiedenhof, geht über in Auf der Kirchenhecke | **Tipp** Im Kalten Krieg waren bei Waldbröl Patriot-Raketen stationiert. Im bewaldeten Höhenzug Nutscheid gibt es noch einen Observationsturm aus dieser Zeit.

82 Der Hinrichtungsplatz

Unsterblich durch den Tod

In einem so beschaulichen Ort wie Waldbröl fällt es schwer, sich eine öffentlich vollzogene Hinrichtung vorzustellen, schon gar nicht vor einer Kirche. Doch geschah genau das auf dem Platz vor der evangelischen Kirche im Jahr 1813 als eine herrschaftliche Machtdemonstration angesichts um sich greifender Unruhen.

Das Bergische Land stand seit 1808 im Grunde unter napoleonischer Herrschaft, was zu immer höheren Abgaben und der Einberufung junger Männer zum Militärdienst führte. Denn Napoleon brauchte für seine Kriegspolitik immer neuen Nachschub. Als beim Russlandfeldzug im Winter 1812/13 seine Armee aufgerieben wurde und erneut Soldaten verpflichtet werden sollten, kam es im Januar zum sogenannten »Speckrussenaufstand«. Junge Männer griffen die Rekrutierungsbeamten an, identifizierten sich mit dem Feind Napoleons und erhielten durch die Bevölkerung mal mehr, mal weniger freiwillig Speck und Sauerkraut zu essen. So erklärt sich ihr Name. Der Aufstand war wenig zielgerichtet, und es war wie so oft in solchen Zeiten: Was die einen, meist die Machtlosen und Armen, als Freiheitskampf verstanden, war für die auf der Seite der Macht nichts anderes als ein Verbrechen. So plünderte der 1793 geborene Johann Wilhelm Pauli mit anderen Männern das Haus des Salz- und Tabakdebitanten Schmeiß in Waldbröl. Es war ein Zeichen gegen das von den Franzosen verhängte Salz- und Tabakmonopol. Beim Versuch, auch die Unterpräfektur in Siegen zu stürmen, wurden die Aufständischen von französischen Soldaten festgesetzt. Pauli, der zum Zeitpunkt der Festnahme auf einem Pferd saß, wurde als Anführer eingeschätzt und deshalb zum Tode verurteilt.

Sein Tod machte den nach seinem Geburtsort auch »Paul von Bettenhagen« genannten Mann in der Region bekannt. Als Figur in einem Historienspiel schaffte er es sogar in der Gegenwart auf den Spielplan von Freilichtbühnen.

Adresse Hochstraße 5, 51545 Waldbröl | **ÖPNV** Bus 530, Haltestelle Busbahnhof Waldbröl | **Pkw** A4, Ausfahrt Reichshof/Bergneustadt, Richtung Reichshof-Denklingen, Waldbröl, Morsbach, im Kreisverkehr 2. Ausfahrt nehmen, um auf B256 zu bleiben, und weitere rund 7 Kilometer auf der Straße bleiben, in Waldbröl links auf Hochstraße | **Öffnungszeiten** Kirche Do 9–12 Uhr und während der Gottesdienste | **Tipp** Den Waldbröler Vieh- und Krammarkt gibt es seit 1851, und er ist einer der größten alle zwei Wochen donnerstags stattfindenden Märkte Deutschlands.

83 Das Zuccalmaglio-Denkmal

»Kein schöner Land«

Am früheren Inselplatz hat Waldbröl für seinen bekanntesten Sohn den mittlerweile dritten Denkmal-Standort gefunden. Als sich der Geburtstag von Anton Wilhelm Florentin von Zuccalmaglio 1903 zum 100. Mal jährte, wurde erstmals ein Denkmal errichtet. In den 1960er Jahren musste es Baumaßnahmen weichen und wanderte in den Zuccalmagliopark – das war die zweite Etappe. Seit 2003 steht es nun am Zuccalmaglio-Platz, unweit des Geburtshauses von Wilhelm von Waldbrühl, wie er sich auch nannte.

Die Eltern Zuccalmaglio hatten unter ihren sechs Kindern gleich zwei besonders im Bergischen bekannte Söhne hervorgebracht. Der 1806 geborene Vinzenz Jakob – Montanus genannt – wurde Dichter. Sein drei Jahre älterer Bruder Anton Wilhelm Florentin wurde bekannt als Schöpfer und Sammler von Heimatliteratur und -liedern. Beide Brüder prägen die Region bis heute. Montanus' Spuren finden sich besonders im Gebiet zwischen Leverkusen, Remscheid und Bergisch Gladbach. Straßen, Schulen oder Denkmäler erinnern an ihn. Sein Schwiegersohn nannte ihm zu Ehren den selbst gezüchteten Winterapfel »Von Zuccalmaglios Renette«.

Weit über das Bergische hat der Bruder seine Spur gezogen. »Kein schöner Land«, sicher eines der bekanntesten deutschen Volkslieder, stammt aus seinem Repertoire an Melodien und Texten. Neben dem auf die Geburtsstadt verweisenden Namen nutzte er für sein Schaffen weitere Pseudonyme, »Dorfküster Wedel« zum Beispiel, »Waldbruder« oder »Gottschalk Wedel«. Zusammen mit August Kretzschmer gab er die Sammlung »Deutsche Volkslieder« heraus, von denen Johannes Brahms 22 Lieder als Inspiration dienten. Etwas aktueller benannte der Chorverband NRW nach dem Waldbröler sein internationales Festival. Das Bergische wird der Dichter jedenfalls vor sich gehabt haben, als er über diesen Zeilen saß: »Kein schöner Land in dieser Zeit / als hier das uns're weit und breit.«

Adresse Zuccalmaglio-Platz, 51545 Waldbröl | **ÖPNV** Bus 530, Haltestelle Busbahnhof Waldbröl | **Pkw** A 4, Ausfahrt Reichshof, Richtung Waldbröl, Morsbach auf B 256 für circa 16 Kilometer fahren, in Waldbröl links auf Gerichtsstraße, von dort in Bitzenweg, dann links in Zuccalmagliostraße mit Platz am Ende | **Tipp** Das Fachwerkdorf Bruch bei Nümbrecht macht die Entstehungszeit der Häuser zwischen dem 18. und 19. Jahrhundert wieder lebendig.

84 Das Eifgenbachtal

Wo Pilger auf die Wanderfreunde treffen

Wer das gesamte Eifgenbachtal in einem Mal durchwandern will, wird eher auf einer längeren Reise sein. Mit den Pilgern auf dem Jakobsweg gibt es solche Wanderer auch. Andere beschränken sich auf kürzere Etappen der etwa 15 Kilometer langen Wanderung vorbei an dem idyllischen Bach, der bei einem der bedeutendsten Orte des Bergischen Landes in die Dhünn mündet. Dort steht der Altenberger Dom, häufig auch ein Etappenziel für die Pilger.

In vielen Schleifen fließt der Bach in seinem nun wieder meist der Natur vorbehaltenen Tal dahin. Wenig deutet noch auf die einstige Nutzung der Wasserkraft. Von den Getreidemühlen sind noch einige als Wohngebäude erhalten. In der Neuenmühle befindet sich etwa eine Gaststätte. Aber auch Eisen wurde hier bearbeitet und Pulver hergestellt. Vom Böckershammer sind noch Mauerreste zu sehen. Es scheint kaum mehr vorstellbar, dass sich im Tal mal eine Art frühes Industriezentrum befand. Doch Schlackereste, Abfallprodukte der Eisenverhüttung, zeigen das heute noch, wo vor allem die Natur beeindruckt.

So fallen bei besagtem Böckershammer vor allem die zwei riesigen, sehr alten Eiben auf, die im Hausgarten der Familie Böcker gepflanzt wurden und heute Naturdenkmäler sind. Nur wenig weiter liegt die Eifgenburg, eine Schutz- und Fluchtburg, die wohl im 10. Jahrhundert entstand. Tonscherben und Steinfundamente belegen das.

Aber heute erschließt sich nicht mehr, warum hier eine so wehrhafte Burg mit Schutzwall gebaut wurde. Die Dimensionen dieser Hangburg lässt die erhaltene mächtige Ringwallanlage noch erahnen. Schon früh aber wurde der Eifgenbach auch genutzt, um dort die Freizeit zu verbringen. In Wermelskirchen sind die Überreste der 1883 eröffneten »Bade-Anstalt« im Naturraum Eifgenbachtal aufgegangen. Von dort aus lässt sich eine Wanderung gut beginnen.

Adresse Wanderparkplatz Eifgen, 42929 Wermelskirchen (für Navigationsgeräte: Eifgen 8) | ÖPNV Bus 267, Haltestelle Eifgen | Pkw A 1, Ausfahrt Wermelskirchen, Richtung Schloss Burg/Wipperfürth auf L 157 fahren, dann links auf Dellmannstraße/B 51, dann rechts auf Thomas-Mann-Straße, rechts auf Berliner Straße, links auf Dhünner Straße, nach 1,5 Kilometern scharf rechts auf Eifgen | Tipp Im malerischen Haarhausen steht das älteste Fachwerkhaus Wermelskirchens, das in Teilen aus dem 16. Jahrhundert stammt.

85__Das Grab von Carl Leverkus

Für ewig in der Heimat bleiben

Der Stadtfriedhof wirkt trotz des alten Baumbestandes nur auf den ersten Blick parkähnlich. Ihm fehlt die großzügige Anlage, der Raum zwischen den Gräbern. Nach den ersten Bestattungen im Jahr 1855 wurde mit der Zeit jeder Platz ausgenutzt, sodass in manchen jüngst vergangenen Jahren auf dem ältesten noch bestehenden Friedhof von Wermelskirchen kein Begräbnis mehr stattfinden konnte.

Auf diesem Friedhof wollte der 1804 in Wermelskirchen geborene Carl Leverkus seine letzte Ruhestätte finden, obwohl er auf dem Kahlberg bei Wiesdorf einen weiterwachsenden Ort samt einer Fabrik gegründet hatte, den er nach dem alten Familienstammsitz bei Lennep Leverkusen nannte. So, wie die ganze Stadt schließlich heißen sollte, die bei der Gemeindereform 1930 aus Wiesdorf, Steinbüchel, Schlebusch und Rheindorf entstand. Im Volksmund hieß der Ort die »Bläu«, weil in der dortigen Fabrik das von Carl Leverkus entwickelte künstliche Ultramarin hergestellt wurde. Mit diesem fast unlöslichen Pigment wurden Farben und Lacke hergestellt sowie Papier, Garne und Stoffe gebläut. Zunächst hatte Carl Leverkus ab 1832 in seiner Heimatstadt Wermelskirchen produziert. Doch der wirtschaftliche Erfolg der Fabrik brachte hohen Energieverbrauch mit sich. Der Kohletransport nach Wermelskirchen wurde zu aufwendig. Leverkus suchte einen verkehrsgünstigeren Ort zur Umsiedlung der Anlage. Bei Wiesdorf fand er ihn mit dem nahen Rhein und der Anbindung an die Köln-Mindener Eisenbahn. Nach seinem Tod 1889 wurde er seinem Wunsch gemäß in der Familiengruft der Leverkus beigesetzt. Noch immer sorgen Nachfahren für die Gruft, auf der die schmucklosen Grabsteine nichts von der Bedeutung dieses Mannes für Wermelskirchen vermuten lassen. Die von Carl Leverkus gegründete Fabrik aber wurde mit dem Verkauf an die »Friedr. Bayer & Co« im Jahr 1918 zur Keimzelle der heutigen Bayer AG.

Adresse Berliner Straße 38, 42929 Wermelskirchen | **ÖPNV** Stadtwerke RS 652, Bürgerbus 264, RVK 236 und 240, Haltestelle Friedhof | **Pkw** A 1, Ausfahrt Wermelskirchen, Richtung Schloss Burg/Wipperfürth, dann auf B 51 etwa 1,7 Kilometer bis Wermelskirchen, dort rechts abbiegen in Thomas-Mann-Straße, nach circa 200 Metern rechts in Berliner Straße, nach 100 Metern auf der linken Seite | **Öffnungszeiten** Der Friedhof kann jederzeit besucht werden. | **Tipp** Unter den denkmalgeschützten Fachwerk-Bürgerhäusern in der Eich befindet sich das Geburtshaus von Carl Leverkus mit der Hausnummer 19.

86_Der Staudamm der Großen Dhünntalsperre

Von oben drückt das Wasser

Jeder Deutsche verbraucht pro Tag durchschnittlich mehr als 120 Liter Trinkwasser. Das ist viel, vergleicht man den Verbrauch mit heißeren Ländern. Wenn mit dem als selbstverständlich erachteten Gut so großzügig umgegangen werden kann, ist das auch im wasserreichen Bergischen Land nur möglich, weil die Wasserspeicher über die Jahre immer wieder erweitert wurden.

An der Großen Dhünntalsperre lässt sich eine Vorstellung davon gewinnen, wie komplex die Infrastruktur für diese so alltäglich scheinende Versorgung mit Wasser ist – angefangen vom Staudamm, der es erst ermöglicht, ausreichend Wasser für die Menschen der Region bereitzuhalten. 66 Meter ist er hoch und 400 Meter lang – vor allem ist er, im Gegensatz zu Staumauern, betretbar. Bei einer Besichtigung befindet man sich im Kontrollgang an der tiefsten Stelle des Damms, der permanent elektronisch überwacht wird. Die Talsperrenmeister gehen außerdem täglich durch diesen Gang, um selbst in Augenschein zu nehmen, ob es Auffälligkeiten gibt. Eine Führung beginnt im Betriebshof Lindscheid. Von dort aus geht es zunächst über den Steg zu jenem Turm, der in der Talsperre steht und der Rohwasserentnahme zur Prüfung der Wasserqualität dient. Danach erfolgt die Besichtigung des Kontrollgangs im Staudamm.

Die Große Dhünntalsperre wurde zwischen 1975 und 1985 als Erweiterungsbau der seit 1962 vorhandenen Dhünntalsperre zur zweitgrößten Trinkwassertalsperre Deutschlands. Sie trägt den Namenszusatz »groß« übrigens nicht, weil sie mehr Wasser staut als vorher, sondern weil ihr Hauptzufluss die Große Dhünn ist. Auch die Umgebung dieser Talsperre bietet sich als Wandergebiet an, selbst wenn die Wege aufgrund der ausgewiesenen Trinkwasserschutzzone nicht verlassen werden dürfen. Ans Ufer kommt man also nicht, nur Schneisen im Wald gewähren immer wieder einen Blick aufs Wasser.

Adresse Lindscheid 6 (Wanderparkplatz), 42929 Wermelskirchen-Dabringhausen | **ÖPNV** Bus 263, Haltestelle Grünenbäumchen | **Pkw** A 1, Ausfahrt Burscheid, B 51 in Richtung Altenberg folgen, dann rechts auf Dabringhausener Straße / L 294, weiter auf Altenberger Straße, im Kreisverkehr 1. Ausfahrt auf Hilgener Straße nehmen, nach 2,5 Kilometern auf Wanderparkplatz Lindscheid | **Öffnungszeiten** Besichtigung nach vorheriger Anmeldung mit dem Wupperverband, Tel. 02193 / 511815 | **Tipp** In Wermelskirchen steht eine 1870 gepflanzte Mammutkiefer. Zu Weihnachten wird aus ihr einer der größten Weihnachtsbäume Europas, die nicht extra zu diesem Zweck geschlagen wurden.

87 Die Burgruine Bieberstein

Eine Goldgrube – in Gedanken

Zugegeben, die Natur verschluckt sie fast: die Burgruine Bieberstein. Dennoch weist der Rest eines Turms den Weg, und auch für die verstreut herumliegenden Steine gilt: Mit alten Gemäuern verbinden sich unsterbliche Geschichten. Das Mysterium der Burg Bieberstein ist im wahrsten Sinne des Wortes unterirdisch. Denn die im 14. Jahrhundert erbaute Burg soll gleich über mehrere geheimnisvolle Keller verfügt haben. Den obligatorischen Versorgungskanal hat es nach der Überlieferung auch gegeben – als Brücke zur Außenwelt, um in Zeiten der Belagerung die Lebensmittelversorgung der Bewohner zu gewährleisten. Schatzsucher fühlten sich besonders von der Legende eines goldenen Pfluges im siebten Kellergemäuer unter der Festung angestachelt. Auch von goldenem Pferdegeschirr und anderen Kostbarkeiten war die Rede.

Seit dem 19. Jahrhundert wurde das Gebäude seinem Schicksal überlassen, und niemand bewohnte es fortan mehr. Letzte Spuren ehemaliger Burgresidenten führen in die Marienhagener Kirche. Dort befinden sich drei Grabplatten, die früheren Bewohnern zugeschrieben werden. Als bemerkenswert betrachtet wird die Kirche allerdings mehr wegen ihres Wehrturms aus dem 13. Jahrhundert und wegen der 1907 wiederentdeckten Fresken, die sie zu einer der »Bonten Kerken« im Oberbergischen machen.

Entzaubert wurde die langsam verfallende Ruine durch Forscher in den 1930er Jahren. Zwar ließ sich damals eine umfängliche Unterkellerung finden, jedoch keine Gänge oder gar Edelmetall. Diese Erkenntnis allerdings führte nicht zum Vergessen der Sagen. Im Gegenteil: Manch einer in der Region kennt sie noch aus dem Heimatkundeunterricht in der Schule.

Besucht man die Burgruine Bieberstein heute, ist jedenfalls Phantasie gefragt. Schließlich sind nur noch die Umgebungsmauern zu erkennen – und Kellereingänge wird man vergebens suchen, denn die wurden längst verschlossen.

Adresse Oberwiehler Straße, Einmündung Biebersteiner Straße, 51674 Wiehl (rechter Hand gegenüber, auf dem Hang oberhalb der Oberwiehler Straße, befindet sich die Ruine) | **ÖPNV** Bus 302, Haltestelle Oberwiehl Bieberstein | **Pkw** A 4, Ausfahrt Reichshof/Bergneustadt, Richtung Denklingen/Waldbröl/Morsbach auf B 256 fahren, nach 6,2 Kilometern im Kreisverkehr 1. Ausfahrt auf L 336 fahren und nach circa 800 Metern rechts abbiegen auf Biebersteiner Straße | **Tipp** Sonderzüge auf der Strecke der historischen Wiehltalbahn bieten Gelegenheit, die Umgebung von Wiehl fahrend zu entdecken.

88_ Der Siebenbürger Wehrturm

Gemeinsam in der Fremde neu beginnen

Zur Verteidigung dienten sie, klotzig und trotzend, mit den massiven Mauern in bedrohlichen Zeiten der bestmögliche Schutzraum – das hat der Wehrturm in Jahrhunderten für die Menschen in Siebenbürgen geleistet. Die Gegenwart der Drabenderhöhe war dagegen friedfertig genug. Der Wehrturm diente nur einem: der Erinnerung an die alte Heimat im heutigen Rumänien. In Drabenderhöhe brauchte er nicht mehr zu sein als identitätsstiftendes Symbol für die aus Siebenbürgen zugezogenen Menschen, die Drabenderhöhe zur größten geschlossenen Ansiedlung von Siebenbürger Sachsen machen – sogar, wenn man Rumänien hinzunimmt. Für sie ragt dieser Turm empor als sichtbares Zeichen für die Bereitschaft, ihre höchsten Werte, darunter Freiheit und Glaube, zu verteidigen.

Durch die jüngste Vergangenheit gewinnt der Ort seine Besonderheit, auch wenn die Drabenderhöhe schon im 14. Jahrhundert erstmals als »Dravender Hoy« urkundlich erwähnt wurde. Schon im Jahr 1953 waren von den rund 530 Einwohnern 116 Heimatvertriebene. In den Jahren danach wurde die deutschsprachige Volksgruppe aus Rumänien zu den Spätaussiedlern in die BRD gezählt. Nach und nach wuchs am Ortsrand eine größere Siedlung. Aus 190 der insgesamt 250 Heimatdörfer in Siebenbürgen zogen die Menschen nach Wiehl und fühlten sich bald heimisch. Anfang der 1990er Jahre wurde Drabenderhöhe im Rahmen des Bundeswettbewerbs »Vorbildliche Integration von Aussiedlern« ausgezeichnet. Heute leben hier insgesamt an die 3.500 Menschen.

Erfahren wird die traditionelle Kultur nicht nur im Musik- und Trachtenverein. Beim jährlichen Kronenfest Ende Juni lässt sie sich eindrucksvoll erleben. Außerdem gibt es im Kulturhaus eine kleine Ausstellung, in der Trachten, Schmuck und Mobiliar einen Einblick in die über 800 Jahre alte Siebenbürgener Kultur geben.

Adresse Siebenbürger Platz 8, 51674 Wiehl-Drabenderhöhe | **ÖPNV** Bus 319, Haltestelle Siebenbürger Platz | **Pkw** A 4, Ausfahrt Bielstein, auf B 56 in Richtung Drabenderhöhe fahren und dort knapp 4 Kilometer bleiben, links abbiegen auf Drabenderhöher Straße/ L 321, im Kreisverkehr 1. Ausfahrt auf Siebenbürger Platz nehmen | **Öffnungszeiten** Heimatstube: nach Voranmeldung, Tel. 02262/5915 | **Tipp** In Drabenderhöhe befindet sich in einer ehemaligen Kornbrand-Brennerei auch das 1884 gegründete Heimatmuseum. Möbel und Gebrauchsgegenstände geben einen Einblick in den Alltag im Bergischen Land. Öffnung auf Anfrage unter info@heimatverein-drabenderhoehe.de.

89__Die Erz-Quelle

Das bergische Wasser für Kölsch

Auch in Linden lassen sich Zeugnisse dafür finden, dass einst der Erzabbau den Menschen hier zum Broterwerb diente. Verschüttete Stollengänge sieht der wissende Wanderer, Straßennamen sind die offensichtlicheren Zeichen. Doch nicht immer muss dem Boden in mühseliger Arbeit abgerungen werden, was die Menschen anschließend nutzen. Wasser sprudelt hier von allein an die Erdoberfläche.

Seit dem Jahr 1900 wurde diese Quelle bewirtschaftet. Damals gründete der Bielsteiner Textilunternehmer Ernst Kindl die Adler-Brauerei, weil seine Spinnerei und Reißerei immer weniger zu tun hatte. Den Arbeitsmarktpolitikern der Gegenwart wäre er ein strahlendes Vorbild für Flexibilität und den Willen zur Weiterbildung, lernte er doch mit 50 Jahren noch das Handwerk des Brauens. Braute er erst das untergärige Pils, entschlossen sich seine Nachfolger in den 1950er Jahren zum obergärigen Kölsch, dem nach den Zusammenschlüssen der Handwerker benannten »Zunft Kölsch«.

Als 1986 die Kölsch-Konvention in Kraft trat, dauerte die Kölsch-Tradition in Bielstein lang genug an, um den Namen zu bewahren. So wurde sie zur »höchstgelegenen Kölschbrauerei der Welt«, weil seitdem keine außerhalb von Köln neu gebraute Biersorte Kölsch genannt werden darf. Mit der Marke war ein »wertvoller Besitzstand« erworben worden von der Bielsteiner Brauerei, die per Fusion mit der Siegtal Brauerei inzwischen als Erzquell Brauerei firmiert.

Heute wird neben dem Kölsch am anderen Standort auch weiter Pils gebraut. Die Quelle in Linden ist dem Kölsch vorbehalten. Sie befindet sich in einem Stollen, von dem aus eine Rohrleitung das Wasser in die Brauerei führt. Brauwasser aus eigener Quelle, das können nur wenige Brauereien vorweisen. Das Gebiet um die Quelle darf allerdings nicht betreten werden. Zu groß ist die Gefahr der Verunreinigung. Sichtbares Zeugnis für die Quelle ist so das Pumpenhaus.

Adresse Lindener Straße 2, 51674 Wiehl-Linden | **ÖPNV** Bus 312, Haltestelle Wiehl-Mühlen | **Pkw** A 4, Ausfahrt Gummersbach, Richtung Wiehl/Nümbrecht auf L 305 fahren, nach circa 1,8 Kilometern rechts abbiegen auf Bielsteiner Straße, nach 1,3 Kilometern links abbiegen auf Bechstraße, nach 1,9 Kilometern links abbiegen auf Lindener Straße | **Tipp** Bei einer Führung durch die Erzquell-Brauerei lässt sich der gesamte Brauvorgang von Kölsch miterleben, Mo–Do 14–17 Uhr, Voranmeldung unter Tel. 02204/843042.

90 Die Grube Silberhardt

Zu wenig Silber bringt nun die Besucher

Welchen Gewinn der Abbau von Silbererzen bringt, ändert sich mit der technischen Entwicklung. Kein Bergwerk der Region zeigt das besser als die Grube Silberhardt, wo vermutlich schon im 14. Jahrhundert systematisch silberhaltige Bleierze abgebaut wurden. Man schürfte zunächst an der Oberfläche und in nur kurzen Schächten, bis kaum mehr Erz vorhanden war. Dann wurde der Abbau eingestellt.

Jahrzehnte später hatte eine nächste Generation bei veränderten politischen Verhältnissen und vorangeschrittener Technik erneut die Hoffnung, mit dem Silber von Windeck Gewinne zu machen. Ab Anfang des 18. Jahrhunderts übernahmen Unternehmer das wirtschaftliche Risiko. Die Grube öffnete wieder, bis die Grenze der Wirtschaftlichkeit erreicht war und sie wieder schloss. Das Ganze wiederholte sich mehrmals, bis 1925 die letzten Arbeiter des damaligen Unternehmens entlassen wurden. Bis 1990 wurde immer wieder geprüft, wie rentabel ein Abbau sein würde. Die Ergebnisse gaben niemandem die Hoffnung auf mehr.

So traten 1997 die Initiatoren eines Besucherbergwerks auf den Plan. Wie an so vielen Stellen im Bergischen Land waren es ehrenamtlich engagierte Bürger, die die Sache ans Laufen brachten. Heute also können die Besucher in die Grube einfahren, und das sind zwischen 3.000 und 4.000 im Jahr. Um der Realität nahezukommen, haben Handwerker sich wieder mit Tätigkeiten aus dem Bergbau vertraut gemacht, und Führungen erleichtern das Verständnis für Geschichte der Grube, für Werkzeuge und die Arbeit an diesem Ort.

Mit der Erkundung des Besucherstollens ist das Erlebnis Bergbau in Windeck nicht zwangsläufig beendet. Es gibt einen 1,7 Kilometer langen Wanderweg, auf dem man an 14 Stationen die Entwicklung von Bergbau und Metallgewinnung sehen kann. Gruben liegen auf dem Weg, auch Holzkohlemeiler und Köhlerhütte oder ein rekonstruierter Rennfeuerofen.

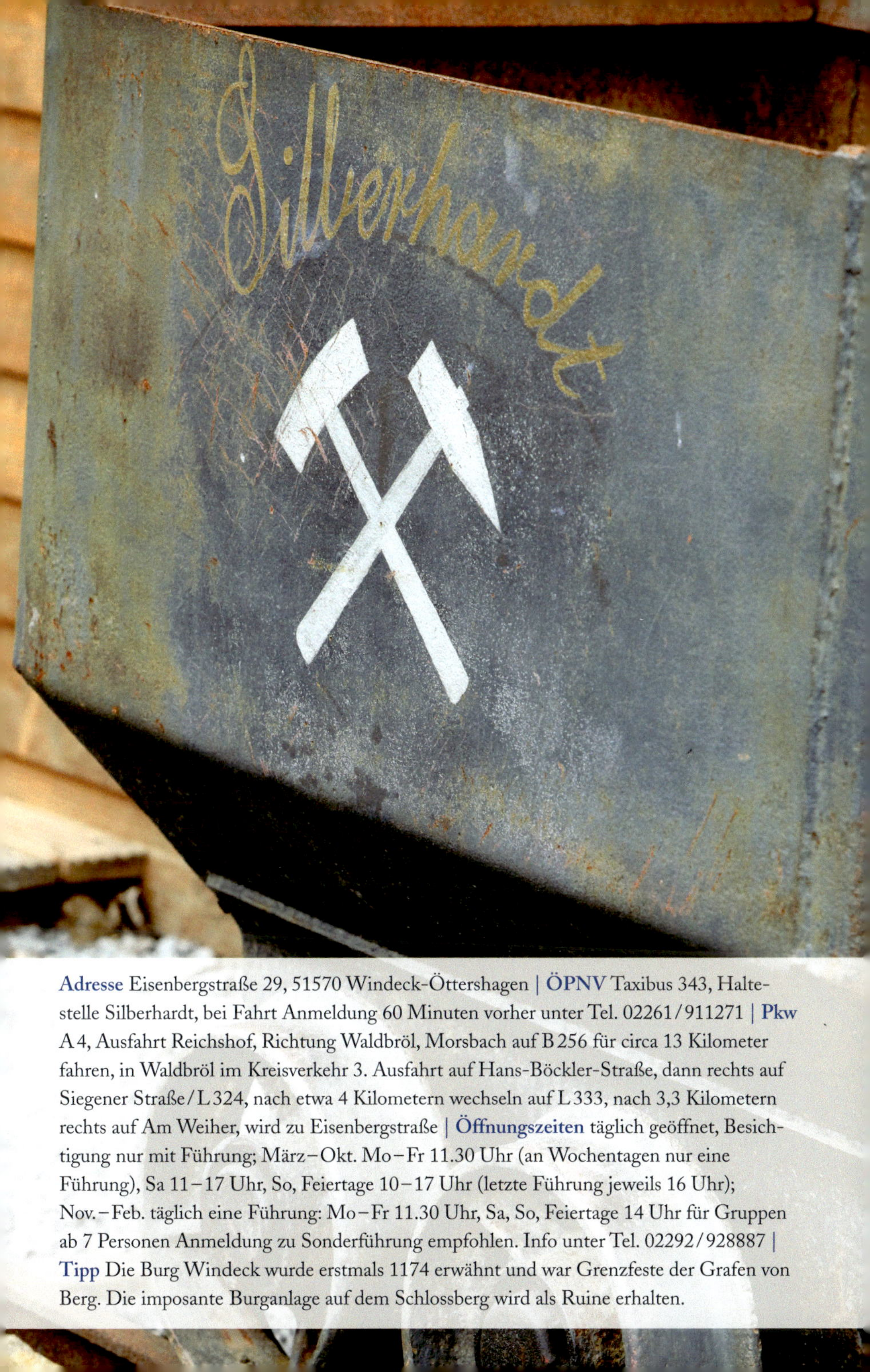

Adresse Eisenbergstraße 29, 51570 Windeck-Öttershagen | **ÖPNV** Taxibus 343, Haltestelle Silberhardt, bei Fahrt Anmeldung 60 Minuten vorher unter Tel. 02261/911271 | **Pkw** A 4, Ausfahrt Reichshof, Richtung Waldbröl, Morsbach auf B 256 für circa 13 Kilometer fahren, in Waldbröl im Kreisverkehr 3. Ausfahrt auf Hans-Böckler-Straße, dann rechts auf Siegener Straße/L 324, nach etwa 4 Kilometern wechseln auf L 333, nach 3,3 Kilometern rechts auf Am Weiher, wird zu Eisenbergstraße | **Öffnungszeiten** täglich geöffnet, Besichtigung nur mit Führung; März–Okt. Mo–Fr 11.30 Uhr (an Wochentagen nur eine Führung), Sa 11–17 Uhr, So, Feiertage 10–17 Uhr (letzte Führung jeweils 16 Uhr); Nov.–Feb. täglich eine Führung: Mo–Fr 11.30 Uhr, Sa, So, Feiertage 14 Uhr für Gruppen ab 7 Personen Anmeldung zu Sonderführung empfohlen. Info unter Tel. 02292/928887 | **Tipp** Die Burg Windeck wurde erstmals 1174 erwähnt und war Grenzfeste der Grafen von Berg. Die imposante Burganlage auf dem Schlossberg wird als Ruine erhalten.

91__Der alte Handelsweg

Da ging was

Dort, wo es links nach Großblumberg geht, ist die Durchfahrt Richtung Fliegeneichen verboten. Aber erst etwa 200 Meter weiter ist überhaupt etwas zu erkennen. Denn an der Kreuzung überlagert der Asphalt die Spuren der Vergangenheit. Geht man jenen Weg, der in weitem Abstand parallel zur Neyetalsperre führt, nun weiter, beginnt links davon ein dichter Buschbewuchs, der bald auch Bäume aufweist. Es fällt daher nur auf, wenn man ganz nah herantritt: Die Pflanzen wachsen aus einem Graben heraus.

Dieser Graben ist vor Jahrhunderten über unzählige Jahre entstanden, indem immer wieder aufs Neue Menschen mit ihren Nutztieren diesen Weg begingen. Der Graben ist Teil eines Handelswegenetzes, das hier nach Halver führte.

Wipperfürth ist die älteste Stadt im Bergischen Land. Sie war Hansestadt und im Mittelalter bekannt für die Stoffe ihrer Weber. Einige bedeutsame Straßen führten schon damals durch diese Region, der Heerweg von Köln nach Soest etwa. Sie waren nicht befestigt, und was als Trampelpfad begann, wurde irgendwann Fahrweg. Rinnen bildeten sich, wenn sich immer wieder Räder in den Boden drückten. Als die Waren mit Planwagen oder Karren transportiert wurden, hatten diese meist zwei bis vier Räder und wurden von Pferden oder Ochsen gezogen, die – im Idealfall – etwas über 30 Kilometer am Tag schafften.

Das Wetter zwang die Menschen oft, eine andere Route zu wählen, wenn der ursprünglich vorgesehene Weg vielleicht durch Regen und übergetretene Bäche unpassierbar worden war. Erst mit Trockenlegung von Flussauen ab dem 18. Jahrhundert war es möglich, Wege dauerhaft neben Gewässern entlanglaufen zu lassen. Die Händler waren jetzt nicht mehr gezwungen, mühsam auf den schon sehr lange bestehenden Heerstraßen große Steigungen zu überwinden. Das alles geschah lange nach der Zeit, als dieser heute so unscheinbare zugewachsene Graben noch ein passierbarer Pfad war.

Adresse Ommer (Höhe Kreuzung mit Sanderhöhe), 51688 Wipperfürth | **Pkw** A 1, Ausfahrt Wermelskirchen, Richtung Schloss Burg/Wipperfürth auf L 157 fahren, dann links auf B 51, nach 5 Kilometern rechts B 237 und Bundesstraße folgen, dann links auf Ommer | **Tipp** In Halver, dem Ziel des Handelsweges, gibt ein Heimatmuseum Einblick in die lokale Geschichte.

92__Das Kirchdorf

Still, abseits und von Weitem klar erkennbar

Ohne Frage, wer den Inbegriff des Ländlichen im Bergischen sucht, ist hier richtig. Die Straßen zum Dorf führen durch weite Wiesen und längere Waldgebiete. Nur wenige Häuser bilden einen Ortskern aus Wirtshaus, Kirche, Haltestelle und einer Kreuzung. In der Nähe liegt die Bevertalsperre, die nicht nur Ziel für Wanderer ist, sondern in Staudammnähe auch ein beliebter Treff für Motorradfahrer.

Wanderungen zwischen den Wipperfürther Kirchdörfern beginnen Ausflügler oft am Parkplatz neben der Egener Kirche. Diese Kirche aus Bruchstein heißt »Unbefleckte Empfängnis«. Errichtet wurde das Kirchenschiff 1849 bis 1850, damit den Egenern der zweistündige Fußweg nach Wipperfürth erspart blieb. Einhellig überliefert ist, dass erst Schenkungen der Dorfbewohner den Kirchenbau ermöglichten.

Kaum 20 Meter lang ist die Saalkirche und gerade elf Meter breit. Umso größer wirkt die mächtige Zwiebelturmhaube auf dem erst 1891 errichteten Kirchturm. Die Grauwacke für den Kirchenbau kam aus einem Egener Steinbruch, wo zwar nichts mehr abgebaut wird, den man aber immer noch besichtigen kann. Etwa genauso alt wie die Kirche, vielleicht noch ein wenig älter, ist der gegenüberliegende Gasthof, nun mit modernem Anbau versehen, um den Erwartungen von auswärtigen Gästen an lichte Räumlichkeiten gerecht zu werden.

Egen, dieses eine von sieben Kirchdörfern Wipperfürths, hat knapp 400 Einwohner. Einige von ihnen erinnern sich an alte Zeiten, als der kleine Ort noch eine Knochenmühle besaß. Hinter diesem unheimlichen Namen verbarg sich eine Arbeitsstätte, in der Tierknochen, die beim Metzger im Abfall landeten, gemahlen wurden. Dieses Knochenmehl konnte dann weiterverarbeitet werden zu Lehm oder Dünger. Auch in der gegenwärtigen Idylle vermag man sich die Gerüche vorzustellen, die die Gegend zu anderen Zeiten bei der Knochenverwertung einmal durchzogen.

Adresse Egen, 51688 Wipperfürth-Egen | **ÖPNV** Bus 337, Haltestelle Egen | **Pkw** A 1, Ausfahrt Remscheid, Richtung Radevormwald auf B 229 fahren, für 11, 6 Kilometer folgen, in Radevormwald auf Rader Straße im Kreisverkehr 1. Ausfahrt, Max-Planck-Straße, nehmen, dann Straßenverlauf folgen Richtung Egen | **Öffnungszeiten** Die Kirche ist tagsüber geöffnet. | **Tipp** Die Bevertalsperre darf für Wassersport jeder Art genutzt werden. Sie ist ein beliebtes Ziel nicht nur für Badegäste, sondern auch für Taucher, Segler und Motorbootfahrer.

93_Der Einmannbunker

Ein Gefühl von Sicherheit

Nach der Fahrt durch das kleine Waldgebiet vergisst man in Holte fast, dass eine der Hauptverkehrsachsen von Köln ins Bergische Land, die B 506, nicht weit entfernt ist.

Ein Gehöft befindet sich hier, wenige Häuser, Felder drum herum, aber auch ein Stahlbetongebilde, das in dem ländlichen Raum ungewöhnlich wirkt. Zwei Jahre dauerte der Zweite Weltkrieg bereits an, als der damalige Gehöftbesitzer auf dem Gelände des landwirtschaftlichen Betriebs einen Kleinbunker errichten ließ. Es ist nur schwer vorstellbar, wie sich in diese für ein bis zwei Menschen ausgelegte Schutzanlage bis zu sechs Personen hätten zwängen sollen. Doch der Kleinbunker war ab 1941 als Zufluchtsort für die Familie gedacht.

Solche Kleinbunker standen normalerweise in der Nähe von möglichen Luftangriffszielen, wenn größere Schutzräume zu weit entfernt waren oder die nahe Überwachung des Objekts verlangt war. Verschiedene Firmen stellten sie in unterschiedlichen Modellen her und boten sie auch Privatpersonen zum Kauf an. Vor Ort wurden die Bunker fest im Boden verankert. Dennoch boten sie lediglich einen Splitterschutz.

Allein der Staudamm der Neyetalsperre wäre überhaupt ein mögliches Ziel bei Luftangriffen gewesen. Aus heutiger Sicht betrachtet, wäre er allenfalls als Zufallsziel gefährdet gewesen, beabsichtigten die Alliierten bei einem Luftangriff auf westdeutsche Talsperren doch die Rüstungsindustrie im Ruhrgebiet zu schädigen. So wurde 1943 der Staudamm der Möhnetalsperre zerstört, und die Ausweichziele waren weitere Talsperren im Sauerland und in Hessen.

All das wusste der Gehöftbesitzer nicht, der seiner Familie Sicherheit bieten wollte. So ist das technische Denkmal auch ein Zeugnis der Mentalitätsgeschichte. Der Bunker verweist auf die so mächtig werdende Angst der Menschen um ihr Leben an allen Orten eines Landes, das sich im Krieg befindet.

Adresse Holte 3, 51688 Wipperfürth-Holte | **ÖPNV** Bus 427, Haltestelle Kluse | **Pkw** A 3, Ausfahrt Dellbrück, links auf Bergisch Gladbacher Straße Richtung Bergisch Gladbach, nach circa 5,8 Kilometern links abbiegen auf Paffrather Straße/B 506, über Bergisch Gladbach und Kürten B 506 folgen, dann rechts Abzweig Holte | **Tipp** Der historische Kern von Wipperfürth ist in seiner Struktur noch erhalten. Besonders sehenswert ist das Häuserensemble am Marktplatz.

94__Das Pulvermuseum Villa Ohl

Vom Donnerkraut zum Feuerwerk

Mühlengeschichte ist mit der des Bergischen Landes eng verwoben wie sonst nirgendwo. So wasserreich, wie diese Region ist, so engmaschig ist auch das Netz der Mühlen. Sie sicherten der Bevölkerung Arbeit, indem Klingen geschliffen oder Eisen geschmiedet wurde. In den Tälern muss es laut zugegangen sein, selbst wenn neben den Hämmern auch die leiseren Mahlwerke von den Mühlen angetrieben wurden. Doch nicht nur Getreide oder Knochen wurden zermahlen, seit dem Ende des Mittelalters gab es auch Pulvermühlen, in denen Holzkohle, Schwefel und Salpeter zerkleinert wurden. Aus diesen Zutaten entstand ein gefährliches Gemisch, nämlich Schwarzpulver oder, wie man früher sagte, Donnerkraut. Eingesetzt wurde dieses Pulver für Schusswaffen.

Über das Schwarzpulver und ein Fabrikantenleben, das in Reichtum und Ansehen von diesem Industriezweig bestimmt war, erfährt man etwas im Pulvermuseum. Als passender Ort für die Ausstellung erwies sich die Villa Ohl, die die Pulverfabrikanten Cramer und Buchholz mit ihren Familien bewohnt haben. Der Einfluss dieser Fabrikanten auf die Wirtschaftskraft der Region war groß, sogar Kaiser Wilhelm II. besuchte das Haus, das der Volksmund deshalb »Kaiservilla« nannte. Beim Gang durch das von einem Förderverein betriebene Museum lernt man die Geschichte der Schwarzpulverherstellung samt anschließendem Handel und Transport kennen.

Die Herstellung von Schwarzpulver war ein riskantes Unterfangen, zahlreiche Unfälle durch Explosionen führten dazu, dass die Mühlen außerhalb von Ansiedlungen errichtet wurden. Auch musste darauf geachtet werden, dass die benutzten Werkzeuge nur aus Holz oder Messing waren und nicht alle drei Ingredienzien gleichzeitig gemischt wurden. Heute gibt es übrigens nur noch einen Einsatzort für Schwarzpulver: in den Lichtern der Feuerwerke.

Adresse Sauerlandstraße 7, 51688 Wipperfürth-Ohl | **ÖPNV** Bus 336, Haltestelle Ohl | **Pkw** A 4, Ausfahrt Engelskirchen, Richtung Ründeroth auf L 302 fahren und der Landstraße für circa 16 Kilometer folgen, in Dohrgaul rechts abbiegen auf K 18, dann links auf K 39, Straße geht nach circa 3,5 Kilometern über in Sauerlandstraße | **Öffnungszeiten** So 14–17 Uhr, letzter Einlass 16 Uhr | **Tipp** Die älteste Kirche der Stadt wurde um 1143 erbaut. Es gab eine Verbindung zu Köln, denn die Bauherren waren die Stiftsherren von St. Aposteln.

95__Die hohle Linde

Schutzgebiet für Frau neben dem für Wasser

Um zu diesem alten Baum zu gelangen, muss man ein paar Meter zu Fuß laufen, an den teils trockengefallenen einstigen Fischteichen vorbei, immer geradeaus bis zur Weggabelung, und da steht sie dann. Knorrig ist die Linde, an vielen Stellen abgestorben und vor allem – von innen hohl.

Dieser Hohlraum liefert den Schauplatz für eine Geschichte, die man sich in der Region noch heute erzählt. Dort nämlich, wo jetzt eine Jagdhütte steht, befand sich früher eine Getreidemühle. Wenn der Müller, ein kräftiger Mann, sich betrunken seiner Frau nähern wollte, entzog sie sich ihm, indem sie in den ausgehöhlten Baum floh. Die Müllerin war zart und passte hinein, während der polternde Mann aufgrund seines Umfangs das nicht schaffte. Das Ehepaar, so erzählt die Geschichte weiter, blieb deshalb kinderlos. Ob die Mühle deshalb abgerissen wurde?

Forellenteiche wurden dann angelegt. Doch auch die werden schon wieder nicht mehr bewirtschaftet. An der Wasserqualität hat es bestimmt nicht gelegen. Denn das hiesige Gebiet gehört zur Trinkwasserschutzzone, gleich nebenan liegt die Neyetalsperre. Gebaut wurde sie zwischen 1905 und 1908, als schon nach wenigen Jahren die 1891 angestaute Eschbachtalsperre für die Wasserversorgung Remscheids nicht mehr ausreichte. Nachdem aber die Bevertalsperre in den 1930er Jahren erweitert wurde, verwandelte sie sich von der Einzel- in eine Art Mannschaftstalsperre. Zusammen mit besagter Bevertalsperre, der Schevelinger Talsperre und dem Mühlenteich Wasserfuhr wurde sie zum »Bever-Block« zusammengeschlossen. Mit der Eschbachtalsperre ist sie zudem über eine 15 Kilometer lange Rohrleitung verbunden. Dem Bever-Verbund liegt ein Stollensystem zugrunde, das überschüssiges Wasser der kleinen Talsperren an die größte – die Bevertalsperre – umleitet. Auch profitieren die Talsperren so bei der Sedimentation – der Befreiung des Wassers von Schadstoffen und Schmutz – voneinander.

Adresse Unternien, 51688 Wipperfürth-Unternien | ÖPNV Bus 337, Haltestelle Unternien Abzweig | Pkw A 1, Ausfahrt Remscheid, Richtung Lüdenscheid, Radevormwald auf B 229 fahren und circa 17 Kilometer bleiben, nach Schwenke rechts abbiegen auf Karl-Heinz-Volkenrath-Straße, am Ortsausgang rechts auf K 13, nach circa 2,5 Kilometern links abbiegen auf Unternien | Tipp Im Kirchdorf Agathaberg befindet sich in der Kirche St. Agatha eine geschnitzte Kanzel aus dem 16. Jahrhundert.

96 Das Niederbergische Museum

Kulturgut Bergische Kaffeetafel

Mit der Fahrt nach Wülfrath verlässt man im nördlichsten Teil des Bergischen Landes fast die Region. Zum Niederbergischen gehört Wülfrath und beherbergt das entsprechende Museum, das sich inmitten eines Wohnviertels befindet. Nachdem es ein Jahr geschlossen war, gibt es für das Niederbergische Museum heute einen Trägerverein, und vorwiegend ehrenamtliche Mitarbeiter übernehmen den Ausstellungsbetrieb. In einer ehemaligen Lagerhalle befindet sich seit 1946 die Sammlung von Möbeln, Werkzeugen und Alltagsgegenständen, die eine Idee vom einstigen Leben und Arbeiten in diesem Teil des Bergischen Landes vermittelt. Der Ort erhielt im 19. Jahrhundert volle Stadtrechte, und das Bürgertum gelangte zu Wohlstand, vor allem bedingt durch den Kalkabbau in der nahen Umgebung.

Erfahrbar wird im Museum zudem ein Stück Lebenswelt, das heute noch als besonders typisch für das gesamte Bergische Land gilt: die Bergische Kaffeetafel. Art und Umfang der »vierten Mahlzeit« waren anfangs, um die vorletzte Jahrhundertwende, schichtenabhängig. So wurde der Kaffee zeitweise durch den sogenannten Muckefuck ersetzt. Wie so vieles fielen Ritual und Begriff dem Zweiten Weltkrieg zum Opfer. Willi Münch, ein Wülfrather und nach dem Krieg Leiter des Museums, gehörte zu denen, die die Tradition wieder zum Leben erweckten. »Mit allem dröm on dran«, der Zusatz aus dieser Zeit verweist auf die Reichhaltigkeit der Bergischen Kaffeetafel. Im Niederbergischen Museum kann man das traditionell einfache Original noch heute einnehmen. Waffeln mit Zimt und Zucker bilden einen Teil, genau wie Milchreis, Schwarzbrot mit Butter, Honig und Quark. Neben Kaffee wird zum Abschluss ein Korn angeboten. Je nachdem, an welchem Ort im Bergischen man von der Kaffeetafel kostet, wird die Bedeutung des Wortes »original« durchaus erweitert, und auf dem Tisch stehen zusätzlich Wurst und Käse.

Adresse Bergstraße 22, 42489 Wülfrath | ÖPNV Busse 641 und 748, Haltestelle Goethestraße, dann 12 bis 15 Minuten Fußweg | Pkw A 3, Ausfahrt Mettmann, auf B 7 Richtung Mettmann, dort über nördliche Innenstadtumgehung Berliner Straße / L 156 Richtung Wülfrath fahren, dort Beschilderung Niederbergisches Museum folgen | Öffnungszeiten Mi, Sa, So 14.30 – 17 Uhr (Bergische Kaffeetafel auf Vorbestellung), in den Schulferien Öffnungszeiten nachfragen, Tel. 02058 / 7826690 | Tipp Der Zeittunnel Wülfrath ist das erdgeschichtliche Museum der Stadt und Ausgangspunkt für die Erkundung von Industriekultur und Natur.

97 Die Bergische Synagoge

Ein Geschenk für die Zukunft

Durch Wohn- und Geschäftsstraßen geht es, bevor man vor den weiß-beigen Mauern der Bergischen Synagoge steht. Im Auge von Kameras, weil das auch heute nicht anders zu gehen scheint. Je nachdem, aus welcher Richtung man kommt, wirkt es fast so, als gehöre die große Kirche nebenan mit zum Komplex. Das jüdische Gotteshaus steht nämlich auf einem von der evangelisch-reformierten Kirche Barmen-Gemarke gestifteten Grund. Deshalb befindet sich die Gemarker Kirche direkt nebenan. Ein symbolträchtiges Geschenk war dieses Grundstück, ist doch in der Kirche schon 1934 die »Barmer theologische Erklärung« verabschiedet worden, sechs Thesen, die zum theologischen Fundament der Bekennenden Kirche wurden und mit denen sich evangelische Christen schon früh zum Widerstand gegen den Nationalsozialismus bekannten.

Die neue Synagoge mit gläsernem Turm und neun hohen, schmalen Fenstern wurde im Dezember 2002 geweiht. Erstmals nach dem Zweiten Weltkrieg kam der oberste Vertreter Israels, damals der Staatspräsident Mosche Katzav, zur Eröffnung einer Synagoge in Deutschland. Auch der aus Wuppertal stammende damalige Bundespräsident Johannes Rau sprach bei der Veranstaltung. Seit dem Bau der Synagoge schlagen die Worte über dem Eingangsportal eine Brücke in die Vergangenheit. Schon über dem Haupteingang der alten Synagoge Barmen hatte das Wort des Propheten Jesaja gestanden: »Denn mein Haus soll ein Bethaus genannt werden für alle Völker.« Die alte Synagoge war in der Pogromnacht im November 1938 durch Brandstiftung völlig zerstört worden. Es gelang jedoch damals, vier Thorarollen auf dem jüdischen Friedhof am Weinberg in Elberfeld zu verstecken und so in die Gegenwart zu retten. Sie befinden sich heute in dem Thoraschrein der neuen Synagoge. Die Gemeinde der Wuppertaler Partnerstadt Beer Sheva ließ für eine größere Summe die noch fehlende fünfte Thorarolle fertigen.

Adresse Gemarker Straße 15, 42275 Wuppertal-Barmen | **ÖPNV** S-Bahn S8, Haltestelle Wuppertal-Barmen, oder Bus E60, Haltestelle Alter Markt | **Pkw** A 46, Ausfahrt Wuppertal-Barmen, Richtung Carnaper Straße fahren, bei Gabelung links halten, Schildern nach Barmen-Zentrum folgen über die Carnaper Straße weiter auf Steinweg/K 19, nach 500 Metern links abbiegen auf Parlamentstraße/K 14, kurz darauf 2. rechts auf Gemarker Straße | **Öffnungszeiten** nach Voranmeldung, Tel. 0202/371183 | **Tipp** Das Café Negev bietet koschere Köstlichkeiten unter dem Dach der neuen Synagoge, im Sommer auch mit Außenterrasse.

98 Die Konsumgenossenschaft

Zusammen kauft man günstiger

Der Gedanke, dass man in der Gemeinschaft besser zurechtkommt, ist eine Hilfe in schlechten Zeiten, aber eben nicht nur. So ist das auch mit der Idee der Genossenschaft. Man hat ein gemeinsames Ziel, unterstützt sich gegenseitig, will die Bedingungen des Lebens verbessern, sei es in wirtschaftlicher Hinsicht, aber auch in sozialer.

Für die Arbeiterbewegung waren beide Perspektiven untrennbar verbunden. So gründete 1899 die Gewerkschaftskommission Elberfeld-Barmen die Konsumgenossenschaft »Vorwärts«. Einige Jahre später bezog sie in der Münzstraße Quartier. Das Gelände wurde nach und nach mit Funktionalem überzogen: einer Kaffeerösterei, einer Getränkeabfüllung, 1906 öffnete die Großbäckerei als erster Eigenbetrieb. »Wir wollen unsere wirtschaftlichen Angelegenheiten in die eigenen Hände nehmen und darin behalten.« Diese Maxime stammte von den ersten in England gegründeten Konsumgenossenschaften und fand auch im sozialdemokratisch geprägten Barmen ihren Niederschlag. Lebensmittel sollten von guter Qualität, durch Großeinkauf erschwinglicher sein und in der Beschaffung nachvollziehbar bleiben.

Die Zahl der Mitglieder wuchs. Als sich »Vorwärts« 1924 mit zwei Konsumgenossenschaften aus Velbert und Elberfeld zur »Konsum- und Produktionsgenossenschaft Vorwärts-Befreiung« zusammentat, brachte sie allein 30.000 Mitglieder in den Verbund ein, der damit zur größten Konsumgenossenschaft Deutschlands wurde. Die Geschichte des Geländes schwingt im Takt der Entwicklungen in Deutschland. Im Nationalsozialismus wurden Konsumgenossenschaften gleichgeschaltet und viele ihrer Funktionäre verfolgt. SA und Wehrmacht bedienten sich des Areals. Nach dem Krieg gab es für die Konsumgenossenschaft keinen Neuanfang. Stattdessen zogen Flüchtlinge ein, dann Vertriebene, später Asylsuchende. Heute kümmert sich die Stadt um die Gebäude, die für die Arbeiterbewegung von so großer Bedeutung waren. Die teilweise entstehenden Sozialwohnungen passen da gut.

Adresse Münzstraße 47–53, 42281 Wuppertal-Barmen | ÖPNV Bus 60, Haltestelle Werther Brücke | Pkw A 46, Ausfahrt Wuppertal-Barmen, auf L 433 Richtung Loh/Rott fahren, links halten, um auf Schönebecker Straße/L 433 zu bleiben, links auf Schützenstraße/K 8, dann rechts abbiegen auf Leimbacher Straße, links auf Sedanstraße und wieder links auf Münzstraße | Tipp Themenführungen bietet der Förderverein »Konsumgenossenschaft Vorwärts Münzstraße e. V.« an, Auskunft vorstand.fv.vorwaerts@outlook.de.

99_Der Mühlengraben

Ohne Wasser kein Gewässer

Der allergrößte Teil des Mühlengrabens verläuft heute unterirdisch. Nur in zwei Nebenstraßen lässt er sich beim Seitenblick hinter den Häusern noch entdecken, außerdem im Bereich der Mündung nahe der Loher Brücke. Mit seiner betonierten Schale gleicht er allerdings einem Teil der Kanalisation, und nichts erinnert mehr an das natürliche Gewässer, das er einst gewesen ist. Einen Seitenarm der Wupper vermutet man als seinen Ursprung. Erweitert wurde das Gewässer wahrscheinlich im Mittelalter, sodass von da an Wasserkraft genutzt werden konnte für die 1336 erstmals erwähnte Barmer Mühle.

Später versuchte man den heftigen Hochwassern der Wupper durch den Bau eines Pfahlwerks zu begegnen, sodass sich zwischen Mühlengraben und Wupper in den Auen ab dem 16. Jahrhundert auf der Grenze der dortigen Hofschaften das Dorf Gemarke entwickeln konnte, der Siedlungskern des späteren Barmens. Mit der entstehenden Textilindustrie begann im 18. Jahrhundert die Nutzung des Mühlengrabens als Wasserquelle der Färbereien für das Bleichen der Stoffe. Gleichzeitig wuchs durch den wirtschaftlichen Erfolg der Ort, Flächenmangel herrschte, und so wurde der Mühlengraben im Laufe der Zeit abgedeckt oder von den Anliegern überbaut.

Der Niedergang der Textilindustrie bedeutete zugleich das Ende der industriellen Nutzung des Mühlengrabens. Das Wehr zwischen Wupper und Mühlengraben wird nun höchstens noch bei Hochwasser geöffnet. Erst der Zufluss des Leimbachs schließt nun nach 1,4 von 2,6 Kilometern den Mühlengraben an den natürlichen Wasserkreislauf an. Mit Folgen für dessen Status. Denn das ist einsehbar, wo kein Wasser, kein Gewässer. So wurde dem Antrag der Stadtwerke auf Aufhebung der Gewässereigenschaften im ersten Teil des Mühlengrabens stattgegeben. Damit kann er nun dem dienen, was man bei ihm ohnehin vermutet: als Abwasseranlage, in dem Fall für Regen.

Adresse Beckmannshof (Höhe Hausnummer 16), 42275 Wuppertal-Barmen, auch Loher Brücke, 42283 Wuppertal-Barmen | **ÖPNV** Bus 624, Haltestelle Mühlen, oder Schwebebahn, Haltestelle Loher Brücke | **Pkw** A 46, Ausfahrt Barmen, rechts abbiegen auf Carnaper Straße, Straßenverlauf circa 1,3 Kilometer folgen, dann links auf Parlamentstraße, nach circa 500 Metern rechts auf Kleine Flurstraße, sofort wieder links und am Ende nochmals links auf Beckmannshof | **Tipp** Das denkmalgeschützte Schieberbauwerk regelte den Zufluss zum Mühlengraben und befindet sich in der Berliner Straße 56–58.

100__Die andere Porta Westfalica

Napoleon hat das Tor erst ganz geöffnet

Auf die strategisch wichtige, seichte Stelle der Wupper verweist noch der Straßenname. Heute gibt es bei der Beyenburger Furth zudem eine kleine Fußgängerbrücke. Über die sehr viel größere Brücke am anderen Ende des kleinen Stausees führt dagegen der Durchgangsverkehr, und dort wird ebenfalls mit dem Straßennamen offenbar, worum es bei der Wupperüberquerung über Jahrhunderte auch immer ging, nämlich um eine Grenzüberschreitung: die Porta Westfalica, das Tor zu Westfalen, gibt es auch im Bergischen.

Auf der einen Seite befand sich das Herrschaftsgebiet der Grafen von Berg, das spätere Rheinland, auf der anderen Seite die Grafschaft Mark, Westfalen. Noch eine dritte Brücke gibt es, deren Vorgängerbau seit dem Mittelalter nachgewiesen ist. Hier steigt die alte Heer- und Handelsstraße an beiden Ufern die Berge hinauf. Kurvenreich und dennoch früher zu steil für Fuhrwerke, die einen Umweg fahren mussten. Die heute nicht mehr vorhandene Burg Beyenburg diente unter anderem dem Schutz dieser Brücke.

Als beide Hoheitsgebiete 1806/1807 unter französische Herrschaft fielen, wurde nicht nur die Verwaltung reformiert, auch die Infrastruktur wurde verbessert, und dazu gehörten die Fernstraßen. Durch Sprengungen entstand auf der westfälischen Höhe ein Felsentor, das im Volksmund lange »Napoleonstor« genannt wurde. Die Porta Westfalica war als Pass nun klar erkennbar.

Etwa 100 Jahre vor jener napoleonischen Zeit lässt sich im Übrigen auch eine der vielen Erklärungen für die Redensart »Über die Wupper gehen« finden. Weniger dramatisch ging es dabei nicht ums Sterben, sondern ums Verschwinden. Als die Zwangsrekrutierer des preußischen Königs Anfang des 18. Jahrhunderts auch in die märkische Provinz Mark kamen, flüchteten viele junge Männer ins Herzogtum Berg, ohne zurückzukehren. Sie gingen über die Wupper.

Adresse Kurvenstraße 1, 42399 Wuppertal-Beyenburg | **ÖPNV** Busse 616 und 626, Haltestelle Wupperbrücke | **Pkw** A 1, Ausfahrt Remscheid-Lennep, Richtung Remscheid-Lüttringhausen auf L 58 fahren, nach circa 1,6 Kilometern links abbiegen auf L 411, die nach circa 6 Kilometern in Kurvenstraße übergeht | **Tipp** Die »Schwimmoper« ist als Stadthallenbad ein denkmalgeschützter, eindrucksvoller Stahlbetonbau aus den 1950er Jahren.

101 Das Briller Viertel

Schöner wohnen auf dem Berg

Selten ist der Eindruck, den man vom Briller Viertel gewinnt. Gerade Straßen führen an stilecht restaurierten Häusern entlang, die aus der vorletzten Jahrhundertwende stammen. Gepflegte Vorgärten oder ganze Parkanlagen säumen die Auffahrten und Treppen zu Portalen mit zum Teil noch Originalhaustüren. Glasintarsien aus der Zeit des Jugendstils kann man finden. Hier und da ragen Türmchen an den herrschaftlichen Fassaden empor. Mit dem Viertel gewachsen sind auch die Baumbestände, darunter Kastanien oder Birken und Linden.

Brill, das ist eines der größten zusammenhängenden Villengebiete aus dem Deutschland der Gründerjahre. Etwa 250 Häuser stehen hier auf dem 1,2 Quadratkilometer umfassenden Stadtviertel unter Denkmalschutz.

Der Bauboom, der hier einmal herrschte, ist dem wirtschaftlichen Erfolg von Elberfeld geschuldet, damals eigenständig und erst 1929 unter anderem mit Barmen zu Wuppertal vereint. Denn Fabrikanten und Kaufleute waren es im Wesentlichen, die sich hier ihr Stadthaus errichten ließen. Nicht nur das Textilgewerbe, auch chemische Industrie und Maschinenbau hatten den Boden für Wohlstand und dessen Präsentation bereitet.

Wenn die Unternehmer zuvor die räumliche Nähe zu ihrer Fabrik gesucht hatten, so veränderte ihr wirtschaftlicher Erfolg mit der wachsenden Größe von Fabriken in dem engen Tal der Wupper die Voraussetzungen. Eine angenehme Lebensart ließ sich mit dem Krach und den stinkenden Abgasen der Produktion kaum mehr vereinbaren. Nahe den Wäldern des Nützenbergparks war das anders, und so zog es die Unternehmer mit ihren Bauvorhaben dorthin. Natürlich sind auch hier Zeichen der Zeit zu sehen – Neu- oder Erweiterungsbauten nach dem Zweiten Weltkrieg zum Beispiel. Und trotzdem: In manchen Straßenzügen ist das Geschlossene noch heute so authentisch, dass fast schon die Autos stören, wie sie nun einmal durch jede Stadt fahren.

Adresse Sadowastraße, 42115 Wuppertal-Brill (möglicher Ausgangspunkt) | ÖPNV Busse 601 und 649, Haltestelle Deweerthscher Garten | Pkw A 46, Ausfahrt Wuppertal-Katernberg, Richtung Briller Straße/L 427 fahren, bei Gabelung rechts halten, Schildern nach Von der Heydt-Museum/Klinikum Elberfeld/Skulpturenpark folgen, rechts abbiegen auf Briller Straße/L 427, nach etwa 1 Kilometer kommt rechts die Sadowastraße | Tipp In einer großen Parkanlage mit altem Baumbestand befindet sich der Wuppertaler Zoo mit 5.000 Tieren, die sich auf rund 500 Arten aufteilen.

102__Das Arboretum Burgholz

Exotik zwischen Eiche und Tanne

Wer ins Arboretum Burgholz geht, findet einen Wald im Wald. Der äußere Wald ist der Staatsforst, der innere das mit 250 Hektar flächenmäßig größte Arboretum Deutschlands. Was nichts anderes bedeutet, als dass hier sehr viele verschiedene, zum Teil exotische Bäume angepflanzt wurden und hoch gewachsen zu sehen sind. Europäische Gehölze des gesamten Kontinents haben hier ihren Platz gefunden, genauso wie Gehölze aus Asien und Nordamerika. Zum einen stehen sie als Solitäre inmitten des heimischen Bestandes, zum anderen wurden drei in sich geschlossene Waldstücke von hier unbekannten Baumarten erfolgreich angepflanzt.

Im Burgholz erfolgten schon Ende des 19. Jahrhunderts durch die Preussische Versuchsanstalt die ersten Anpflanzungen mit fremdländischen Baumarten, um deren Eignung für die hiesige Waldwirtschaft zu prüfen. Ab 1958 entstanden weitere Waldflächen, die das Burgholz zum Versuchsrevier des Landesbetriebes Wald und Holz NRW machten. In der heutigen Zeit des Klimawandels ist das »Versuchsfeld« Arboretum mehr denn je von forstwirtschaftlichem und wissenschaftlichem Interesse. Dazu gesellte sich in jüngster Vergangenheit die Absicht, das Kulturgut Wald erfahrbar zu machen. So trägt seit 1999 das Burgholz die Bezeichnung »Aeboretum«. Auf vier eigens eingerichteten Themenwegen mit Hinweistafeln zu den einzelnen Bäumen lässt sich gleichsam durch drei Kontinente wandern. Japanische Sicheltannen, das Chinesische Rotholz, oder die Kalifornische Weihrauchzeder sind zu sehen.

Als besonders eindrucksvoll gilt auch der Mammutbaum, dessen Art in den 1850er Jahren in der amerikanischen Sierra Nevada entdeckt wurde. Im gleichen Jahrzehnt gelangten erste größere Samenmengen nach Europa. Eine solche Vielfalt führt den Besucher weit weg von dem ihm vertrauten Laub- oder Nadelwald hin zu fremden Naturräumen.

Adresse Friedensstraße 69, 42349 Wuppertal-Cronenberg (hier Zugang zu den Themenwegen mit Infotafeln durchs Arboretum) | **ÖPNV** Bus 633, Haltestelle Am Burgholz | **Pkw** A 1, Ausfahrt Wuppertal-Ronsdorf, auf die B 51 in Richtung Wuppertal, der Ausschilderung Cronenberg/MVA folgen, im Ortsteil Cronenberg von der Hauptstraße rechts in die Herichhauser Straße, später Friedensstraße abbiegen | **Öffnungszeiten** ganzjährig | **Tipp** Der Von-der-Heydt-Turm auf dem Kiesberg im parkähnlichen Teil des Arboretum Burgholz ermöglicht den Ausblick in die Region, insbesondere über Elberfeld.

103 Der Sambawagen bei Knipex

Gestern Schwung im Zug, heute auf dem Fahrrad

Gibt es ein aussagekräftigeres Bild für das Sterben des öffentlichen Nahverkehrs als einen Schienenbus auf einem Parkplatz? Keine Gleise führen dorthin, sondern den Autos gehört dieser Ort. Sie können den Parkplatz des Werkzeugherstellers Knipex jederzeit verlassen. Im Gegensatz zum Schienenbus des Modells VT 95, dessen Funktion es nur noch ist, an Vergangenes zu erinnern. Von den 1950er bis späten 1970er Jahren bestimmte diese Wagenreihe das Bild auf den Nahverkehrsstrecken der Deutschen Bahn. In Wuppertal wurde die Burgholzbahn, die Strecke zwischen Elberfeld und Cronenberg, mit dem Bus auf Schienen befahren. »Sambabahn« wurde sie im Volksmund genannt, weil das Fahrzeug mit seinen Schwüngen im Gleisbett einen Takt vorgab.

Schienenbusse – vorzugsweise aus der Waggonfabrik Uerdingen – waren zweiachsige Triebwagen in Leichtbauweise. Sie wurden für den Personenverkehr besonders auf den Nebenstrecken eingesetzt. Kommunikativ war dieser Großraumwagen auf jeden Fall, denn die Rückenlehnen waren umklappbar. Wahlweise saß man sich gegenüber oder nebeneinander. Für die Beleuchtung sorgten unverkleidete Glühbirnen an der Decke. Mehr als 3.000 Wagen dieser Art wurden in den Hochzeiten gebaut.

Ende der 1980er Jahre aber war es in Wuppertal so weit: Trotz aller lokalen Proteste stellte die Deutsche Bahn die Nebenstrecke ein – zu teuer seien Instandsetzung und Betrieb gewesen. Im Rahmen der Regionale 2006 vollendete man dann, worüber schon nach der Schließung nachgedacht wurde: die Verwandlung des Transportweges in einen Pfad der Freizeit. Die Bahntrasse ist zum Rad- und Wanderweg umgebaut. Nach der Erweiterung des Wuppertaler Zoos führt er spektakulär quer über das Gehege der Sibirischen Tiger. Ein Schild am Rand trägt den Hinweis: »Essen auf Rädern«.

Adresse Oberkamper Straße 13, 42349 Wuppertal-Cronenberg | ÖPNV Busse 625 und CE64, Haltestelle Neukuchhausen | Pkw A 46, im Sonnborner Kreuz Richtung Cronenberg/Ronsdorf/Elberfeld auf L 418, circa 3,4 Kilometer fahren bis Ausfahrt Cronenberg, Richtung Cronenberg Zentrum fahren, rechts abbiegen auf Hahnerberger Straße, nach 2,1 Kilometern links abbiegen auf Oberkamper Straße | Tipp Das Theater in Cronenberg bietet Vorstellungen, aber auch Theaterkurse sowie eine Bühne für angehende Schauspieler.

104__Das Denkmal »Meinwärts«

Ich-Besinnung in der Fußgängerzone

Reines Schwarz-Weiß, so etwas wird man selten finden. Schon gar nicht in der Nähe vom Elberfelder Kasinokreisel, wo zwei einander gegenüberstehende Granitstelen jeweils ein Mosaik zeigen. Fast 30.000 Steinchen sind es pro Mosaik und 20 verschiedene Grautöne. »Meinwärts« hat der Bildhauer und Objektkünstler Stephan Huber sein 1989 geschaffenes Denkmal genannt, und wer da lyrische Anklänge vermutet, liegt nicht falsch. Mit einer Art Doppelporträt ist es der Dichterin Else Lasker-Schüler gewidmet. Die Vorlage für die Mosaike bot eine 1920 entstandene Fotografie, und indem eines der zwei Porträts spiegelverkehrt wiedergegeben ist, scheint Else Lasker-Schüler sich selbst anzublicken.

»Meinwärts« ist tatsächlich ein Wort von Else Lasker-Schüler. Mit ihm klingt das Gedicht »Weltflucht« aus, abgedruckt 1902 in ihrem ersten Gedichtband »Styx«. Im Alter zwischen 15 und 17 habe sie eine erste Fassung geschrieben, sagte sie, in einer wiedergefundenen Ursprache. Sie bezog sich dabei auf ihre jüdischen Wurzeln und schrieb zunächst doch lautmalerische Poesie jenseits verständlicher Wörter, in der sich kein erkennbares Ich von der Welt eingeengt fühlt.

Die 1869 geborene Dichterin war eine schillernde Persönlichkeit, exzentrisch, oft poetisch auch im Alltäglichen, bereit, in einer konservativen Gesellschaft gegen Widerstände ihren eigenständigen Weg als Künstlerin zu gehen. Elberfeld verließ sie nach erster Heirat 1894, und doch blieb die Stadt ihres Aufwachsens Quelle der Inspiration. Ihr 1909 geschriebenes Schauspiel »Die Wupper« wurde zum Erfolg, auch wenn es erst zehn Jahre später uraufgeführt wurde. Zwei Ehen, mehrere Ortswechsel, die Aberkennung der deutschen Staatsbürgerschaft durch die Nationalsozialisten, das Exil in Palästina – dies sind nur wenige Markierungen ihres Lebens. Ihr im Krieg zerstörtes Geburtshaus befand sich in der Herzogstraße 29, nahe dem Denkmal.

Adresse Herzogstraße/Ecke Kasinostraße, 42103 Wuppertal-Elberfeld | **ÖPNV** Schwebebahn, Bahnhof Ohligsmühle oder Busse 619 und 649, Haltestelle Ohligsmühle | **Pkw** A 46, Ausfahrt Wuppertal-Katernberg, Richtung Elberfeld/Katernberg, dann kurz darauf links auf Briller Straße/L 427, 1. rechts auf Hochstraße/L 429, rechts abbiegen auf Gathe, auf Neumarktstraße, links auf Erholungstraße, von dort auf Herzogstraße | **Tipp** Beim Spaziergang durch das Luisenviertel reihen sich klassizistische Wohnbauten aneinander, in der Luisenstraße gibt es zahlreiche gastronomische Angebote.

105 Die Holsteiner Treppe

Auf Stufen des Lebens den Berg hinauf

In einer Stadt am Hang bieten sich Treppen als kürzeste Möglichkeit, Höhenunterschiede zu überwinden, besonders an. Das gilt besonders, wenn nur wenige Menschen ein Fahrzeug besitzen, ein motorisiertes gar. Als Wuppertal im 19. Jahrhundert die Anhöhen hinauf bebaut wurde, gab es für die dort wohnenden Arbeiter keine andere Möglichkeit, als zu Fuß von einem Ort zum anderen zu kommen. Über die Treppen am Engeln- und am Ölberg gelangten vor allem sie zu ihren neu gebauten Mietwohnungen.

Heute ist wegen ihres lautmalerischen Namens die bekannteste dieser Treppen sicher das verwinkelt gebaute Tippen-Tappen-Tönchen am Ölberg. Doch die Wuppertaler haben es mit ihren Treppen nicht mehr leicht. In der motorisierten Gegenwart ließ ihre Bedeutung für den Alltag nach, und wie jedem Bauwerk droht auch den Treppen ohne kontinuierliches Ausbessern der Verfall.

So zeigt etwa die gesperrte Jakobstreppe mit ihren 155 Stufen als längste gerade Treppe die grundlegende Schwierigkeit der Stadt mit deren Erhalt. Es fehlt das Geld, um zeitbedingte Schäden zu reparieren.

Dagegen gibt es mit der Holsteiner Treppe ein Beispiel für eine auf besondere Weise erfolgte »Sanierung«. Sie führt den Engelnberg hinauf und gehörte zum Kunstprojekt »7 Treppen«, das im Herbst 2006 von einem Verbund unterschiedlicher Träger gefördert wurde, um die Treppen als öffentlichen Raum weiter begehbar zu halten. »Scala« nannte der Düsseldorfer Künstler Horst Gläsker seine Installation auf und mit der Treppe. Einen Lebensweg hatte er bei der Gestaltung im Sinn. Jede Stufe trägt nun eine andere Farbe, und steigt man die Treppe empor, liest man Wörter wie »Liebe« oder »Wut« – Emotionen, die eben das Leben begleiten. Der weitere Erhalt der Treppe wurde durch eine Unterschriftenaktion unterstützt. Ein solches Glück wird vermutlich nicht jeder der anderen knapp 470 öffentlichen Treppen zuteil.

Adresse Holsteiner Treppe, 42107 Wuppertal-Elberfeld (für Navigationsgeräte: Gathe 1) | **ÖPNV** Bus 620, Haltestelle Schleswiger Straße, oder Bus 625, Haltestelle Ludwigstraße | **Pkw** A 46, Ausfahrt Katernberg, links abbiegen und sofort wieder rechts auf Hochstraße, Straßenverlauf bis zum Ende folgen, dann links abbiegen auf Gathe und circa 450 Meter fahren | **Tipp** Im Mirker Bahnhof sind heute keine Züge mehr, sondern Büros aus der Kultur- und Kreativwirtschaft und Gastronomie angesiedelt.

106 Das Bergische Straßenbahnmuseum

In neuer Heimat immer wieder fahrbereit

Der Unterschied zu einem normalen Museum wird schon am Eingang offensichtlich. Was anderswo oft in zugigen Ecken mit übervollen Tischen lieblos eingerichtet wirkt und Museumsshop heißt, ist hier die »Bücherstraßenbahn«, ein sorgsam restaurierter Wagen mit Straßen- und Eisenbahnliteratur. Natürlich lassen sich die Bücher kaufen, aber einfach nur Stöbern ist auch erlaubt. Hier schon ist die Begeisterung zu spüren für jenes Verkehrsmittel, das heute aus Wuppertals öffentlichem Nahverkehr verschwunden ist.

Dabei besaß die Stadt samt Umgebung einmal das viertlängste deutsche Straßenbahnnetz. Doch im Jahr 1987 fuhr eine Wuppertaler Straßenbahn das letzte Mal im Regelbetrieb. Zwar war der Verein »Bergische Museumsbahnen« als private Initiative schon 1969 gegründet worden und hatte wenige Jahre später ein Streckenstück zwischen Kohlfurth und Cronenberg erworben, doch dauerte es noch Jahre, bis diese rund drei Kilometer zu einem Erlebnis wurden. Das Museum gibt es nämlich erst seit 1992. Auf einem ehemaligen Betriebshof stehen hier restaurierte Bahnen, aber auch solche, an denen die Spuren ihres Alters und der intensiven Nutzung noch ungeschönt zu sehen sind. Auch heute noch kostet das Museum keinen Eintritt, sondern finanziert sich unter anderem durch Spenden und Ticketgelder, die aus den Fahrten mit historischen Bahnen erzielt werden. So führt das Museum einen der kleinsten Straßenbahnbetriebe weltweit.

Ob in den 1920er oder in den 1950er Jahren erbaut, regelmäßig verlassen die historischen Wuppertaler Wagen, aber auch die ehemals in Aachen, Bochum oder Hagen heimischen das Depot. Auf der sanierten Trasse klettern die Fahrzeuge dann ausgehend von der Kohlfurther Brücke alle 30 Minuten über einen Höhenunterschied von 150 Metern den Berg hinauf. Es ist bloß ein kleiner Zipfel der Stadt – aber so fahren doch immer wieder Straßenbahnen in Wuppertal.

Adresse Kohlfurther Brücke 57, 42046 Wuppertal-Kohlfurt | **ÖPNV** Bus CE 65, Haltestelle Cronenberg-Nettenberg | **Pkw** A 46, Ausfahrt Cronenberg, auf L 74 circa 5,2 Kilometer fahren, dann links abbiegen auf Am Jacobsberg, nach 500 Metern rechts abbiegen auf Kohlfurther Brücke | **Öffnungszeiten** Sa 11–17 Uhr, zudem geöffnet an Fahrtagen der Straßenbahnen, Fahrpläne unter www.bmb-wuppertal.de/fahren. Das Museumsgelände hat durch das Hochwasser 2021 starke Schäden genommen. Die geplante Wiedereröffnung war bei Drucklegung noch nicht terminiert. | **Tipp** Direkt neben dem Museum findet sich mit dem Strandcafé ein Biergarten an der Wupper mit kleinem Strand.

107 Die Merkez-Moschee

Angekommen, um zu bleiben

Die Gathe begrenzt die Nordstadt am Fuß des Ölbergs. Den Berg hinauf und auch an der viel befahrenen Straße stehen stuckverzierte Mietshäuser. Was für das benachbarte Briller Viertel als Villengebiet gilt, trifft ebenfalls für die mehrstöckige Mietbebauung aus der Gründerzeit zu. Geschlossenheit und Größe machen die Nordstadt zu den größten Altbaugebieten in Deutschland.

Doch auch auf der Gathe gab es Baulücken, die gefüllt wurden, hier zunächst mit einer Lagerhalle. Das war zu einer Zeit, da das Viertel nicht den besten Ruf hatte, was heute wieder anders ist. Mit der Architektur offenbart sich nämlich immer auch ein gesellschaftlicher Zustand, wie er zu Bauzeit und -ort gegeben war. Nicht oft zeigt er sich aber so offensichtlich wie bei der Merkez-Moschee. In der ehemaligen Baulücke spiegelt sich eine Phase des Übergangs, in der sich die muslimischen Gläubigen zwischen den 1980er Jahren und der Jahrtausendwende in Deutschland befanden. Als die hiesige Lagerhalle bezogen wurde, ging es lediglich darum, einen Gebetsraum zu finden. Notlösungen reichten aus. Alles Weitere ergab sich daraus, dass die muslimischen Gläubigen in Deutschland zunehmend ihre Heimat fanden. Mehrmals wurde um- und angebaut, 1999 schließlich erhielt die Moschee mit dem Minarett ein neues Gesicht.

Auch das Minarett erweist sich wiederum als Momentaufnahme der gesellschaftlichen Entwicklung. Es lässt sich weder besteigen, noch ragt es über die es umgebenden Häuser hinaus. Die eigentliche Funktion eines Turmes nimmt es also gar nicht wahr. In der Baugenehmigung wurde sogar festgeschrieben, dass die Nutzung des Minaretts durch einen Muezzin unterbleibt. Darin drücken sich die Sorgen aus, die den Prozess der Integration von Muslimen in die deutsche Gesellschaft begleiten. Gleichzeitig ist das Minarett im osmanischen Stil aber Symbol, angekommen zu sein in dieser Gesellschaft.

Adresse Gathe 31a, 42107 Wuppertal-Nordstadt | **ÖPNV** Busse 620 und 645, Haltestelle Ludwigstraße | **Pkw** A 46, Ausfahrt Katernberg, links abbiegen und sofort wieder rechts auf Hochstraße, Straßenverlauf bis zum Ende folgen, dann links abbiegen auf Gathe | **Öffnungszeiten** auf Anfrage, Tel. 020/440258 | **Tipp** Das Uhrenmuseum der Uhrmacher- und Goldschmiedefamilie Abeler ist eine beeindruckende Privatsammlung von Uhren, die 5.000 Jahre Zeitmessung dokumentiert.

108_Das Autobahndenkmal

Als Mobilität die Zukunft war

Wo will Kunst im öffentlichen Raum nichts anderes sein als Kunst, und wann wird Kunst zu einem Denkmal, das im allgemeinen Sprachgebrauch ja immer auch außerhalb der Kunstsphäre verankert ist? Diese Frage stellt sich auf dem Rasthof Ehrenberg, wo sich seit 1968 das von Peter Brüning gestaltete Autobahndenkmal befindet. Zwar kann man es von der Autobahn aus sehen, auf dem Parkplatz selbst aber muss man – nicht von einem Hinweisschild geleitet – kurioserweise erst über einen schmalen Weg an einer Fast-Food-Filiale vorbeigehen, um vor einem Kunstobjekt zu stehen.

Hatte der Künstler selbst die Skulptur schon ein Denkmal genannt – im Sinne einer Erinnerungsstätte oder eines Zeugnisses menschlicher Kultur? Oder verhalf erst der damalige Verkehrsminister Georg Leber ihr zu diesem Status, als er bei einer Ausstellung in Bad Godesberg 1967 das Modell der Skulptur sah und sie zur Aufstellung an einer Raststätte erwarb? Die genauen Umstände des Kaufs müssen dieses Mal im Dunkeln bleiben. Unzweifelhaft aber ist: Das Autobahndenkmal ist eines der wichtigsten Spätwerke von Peter Brüning.

Geboren 1929 in Düsseldorf und durch eine Professur an der dortigen Akademie dem Rheinland weiter verbunden, gehörte der Maler und Bildhauer zu den deutschen Vertretern künstlerischen Aufbruchs in der Nachkriegszeit. In den 1960er Jahren beschäftigte sich Brüning nicht nur mit Zeichensystemen in seinen Kunstwerken, sondern auch der Straßenverkehr wurde zum wichtigen Thema für ihn. So stellen die zwei bemalten Eisenringe auf den hohen Stelen aufgerollte Verkehrsbahnen dar und symbolisieren damit deren Unendlichkeit. Sie werden begleitet von schwarzen Winkeln auf gelben Feldern, wie Autokarten entnommen, die das Ansteigen von Straßen bezeichnen. Brüning, der 1970 jung verstarb, sah in der Welt der Zeichen immer beides: eine funktionelle Aufgabe und eine künstlerische Doppeldeutigkeit.

Adresse Rasthof Ehrenberg, A 1, 42389 Wuppertal-Rauental | Pkw A 1, Fahrtrichtung Köln, Rasthof Ehrenberg zwischen Anschlussstellen Wuppertal-Langerfeld und Wupper-tal-Ronsdorf | Tipp Das Wildgehege Ehrenberg bietet ein vier Hektar großes Gehege mit einem ehemaligen Steinbruch für die Tiere.

109_Das Engels-Denkmal

Aller guten Dinge sind drei

Man braucht nicht viel Phantasie, um sich das Verhältnis Wuppertals zum Sohn der Stadt in der Zeit des Kalten Krieges als ein kompliziertes vorzustellen. Als die Sowjetunion und mit ihr der Ostblock Friedrich Engels zum Säulenheiligen machten, wollten Sozialdemokraten ihn und sein Werk nicht den Kommunisten überlassen. Die Konservativen hielten es dagegen mit dem Feind aus dem Osten und pflegten ähnlich einseitige Ansichten über Engels politische Gedankenwelt. Sie lehnten sie im Gegensatz zu den Kommunisten nur schlichtweg ab.

Begleitet von andauerndem Streiten um die angemessene Würdigung von Friedrich Engels, wurden zwei Denkmäler aufgestellt sowie die Ausstellung im Engels-Museum eröffnet. Schon 1958 ließ der Rat der Stadt einen schlichten Gedenkstein im Engelsgarten errichten. 1981 schließlich wurde eine Skulptur des Wiener Bildhauers Alfred Hrdlicka als Friedrich-Engels-Denkmal aufgestellt. »Die starke Linke« heißt es auch, und die Skulptur ist kein repräsentatives Porträt-Denkmal, sondern würdigt gleichsam das politische Denken von Friedrich Engels. Strittig war die Skulptur sowohl in ihrer künstlerischen Ausführung als auch in ihrer Botschaft. Aber auch Alfred Hrdlicka selbst provozierte oft mit seinen öffentlichen Äußerungen, verstand er sich doch immer als politisch agierender Künstler. Zudem waren die Kosten für die Skulptur während seiner Arbeit an ihr gestiegen.

Seitdem aber kein Ostblockstaat mehr die Deutungshoheit über Friedrich Engels und sein Werk beansprucht, lässt sich unbelasteter über ihn sprechen. Der Blick auf andere Bereiche seines Lebens wird frei, und in naher Zukunft wird ein drittes Denkmal errichtet, dieses Mal gestaltet als ein Porträt von Friedrich Engels. Nichts ist dabei umstritten, und es wird von allen Seiten begrüßt. Es wird sich zeigen, ob nur aus Höflichkeit. Das Denkmal ist ein Geschenk der Volksrepublik China.

Adresse Engelsstraße 10/18, 42283 Wuppertal-Unterbarmen | **ÖPNV** Schwebebahnstation und Busse CE 61, 611 und 640, Haltestelle Adlerbrücke, oder vom Bahnhof Barmen 3 Minuten Fußweg | **Pkw** A 46, Ausfahrt Wuppertal-Barmen, Richtung Barmen Zentrum, hinter der Kreuzung mit der B 7 (Schwebebahn) rechts in die Winklerstraße, Parkplatz am Opernhaus, dann 5 Minuten Fußweg zur Engelsstraße | **Tipp** Das Historische Zentrum – Museum für Frühindustrialisierung und Friedrich-Engels-Haus – führt mit Originalmaschinen aus Textilfabriken die Arbeitsbedingungen zu Beginn des 19. Jahrhunderts vor und gibt einen Einblick in das Wirken von Friedrich Engels.

110__Der Skulpturenpark Waldfrieden

Runde Wände und vielfältige Formen

An alten bergischen Häusern fährt man vorbei, bevor es in Serpentinen durch den Park Waldfrieden geht. Schon von hier aus lassen sich erste Skulpturen entdecken, gerahmt vom alten Baumbestand. Kunst lebt mit der Natur, und das wirkt nicht gewollt, sondern ganz selbstverständlich als organische Einheit.

Den parkartigen Wald hat der britische Bildhauer und derzeitige Rektor der Kunstakademie Düsseldorf, Anthony Cragg, zum Freilichtausstellungsraum gemacht. Schon in den 1970er Jahren wählte er Wuppertal zu seinem Lebens- und Arbeitsmittelpunkt. Seine Werke bilden die Basis der Dauerausstellung und werden flankiert von den Arbeiten anderer international bekannter Künstler wie Mario Merz, Eduardo Chillida oder Jean Dubuffet.

Zudem begegnet man hier einem besonderen Gebäude der Wuppertaler Bauhistorie. Die Villa Waldfrieden, entworfen von Franz Krause, war Wohnsitz des Lack- und Farbenfabrikanten Kurt Herberts. Auf seinen Wunsch wurde ein eindrucksvolles Beispiel anthroposophischen Bauens geschaffen: In der Villa gibt es keinen rechten Winkel, es gibt nur organische Formen, die skulptural anmuten und so eine Brücke zum Jetzt schlagen.

Kurt Herberts zeichnete sich durch unkonventionelles Denken, soziales Engagement und künstlerisches Interesse aus. So bestand der Kontakt zu Franz Krause schon seit der Zeit des Nationalsozialismus, als Herberts ihn und andere vom Berufsverbot betroffene Künstler in seinem Unternehmen beschäftigte, um ihnen den Lebensunterhalt zu ermöglichen.

Heute ist in der Villa ein früheres Schwimmbad von einem gläsernen Ausstellungsraum mit Stahlträgern überbaut. Im ehemaligen Gärtnerhaus der Villa entstand auch ein Café. Etwas Funktionelles und der Zeit Angepasstes gehört eben auch hier dazu.

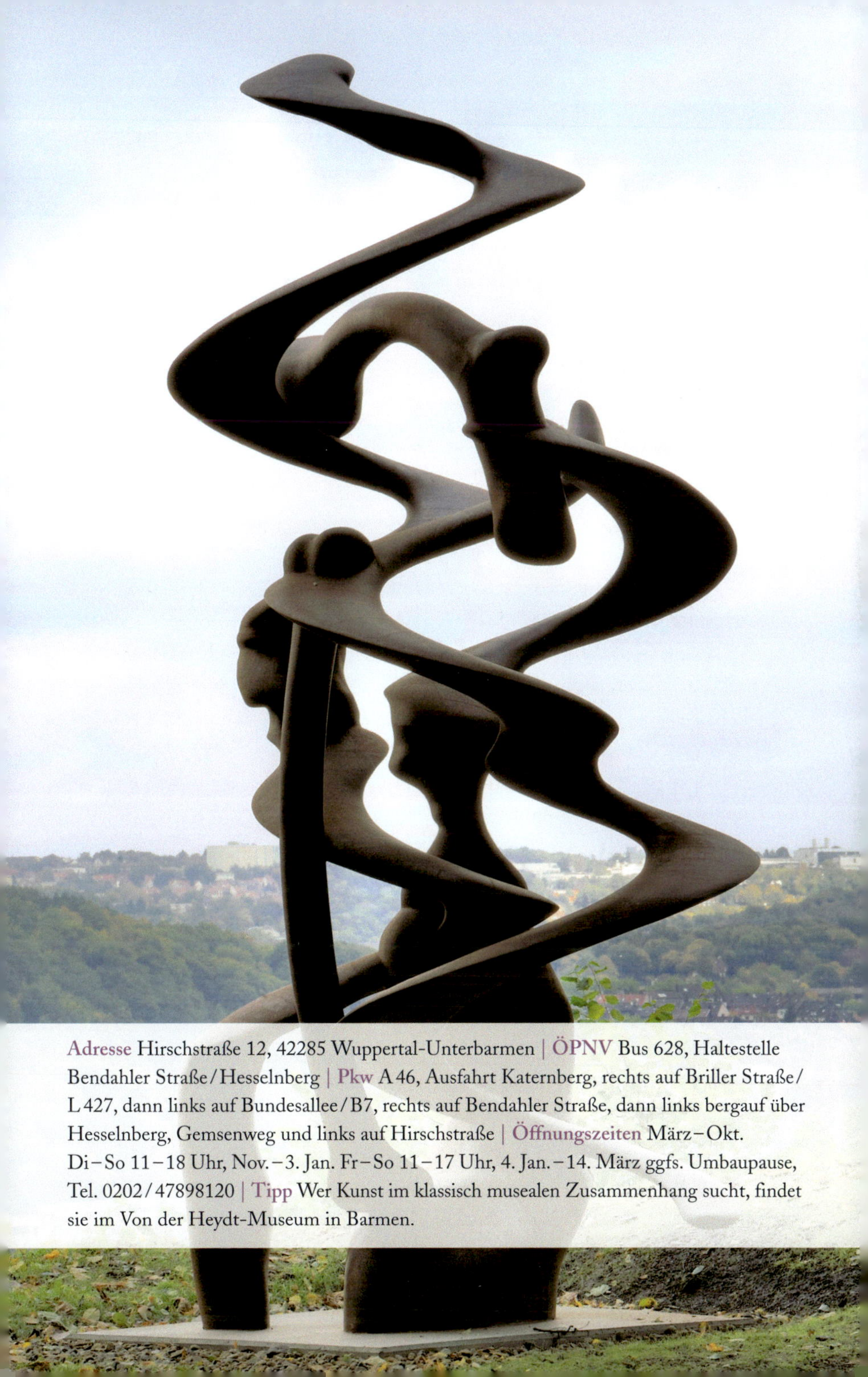

Adresse Hirschstraße 12, 42285 Wuppertal-Unterbarmen | **ÖPNV** Bus 628, Haltestelle Bendahler Straße/Hesselnberg | **Pkw** A 46, Ausfahrt Katernberg, rechts auf Briller Straße/L 427, dann links auf Bundesallee/B7, rechts auf Bendahler Straße, dann links bergauf über Hesselnberg, Gemsenweg und links auf Hirschstraße | **Öffnungszeiten** März–Okt. Di–So 11–18 Uhr, Nov.–3. Jan. Fr–So 11–17 Uhr, 4. Jan.–14. März ggfs. Umbaupause, Tel. 0202/47898120 | **Tipp** Wer Kunst im klassisch musealen Zusammenhang sucht, findet sie im Von der Heydt-Museum in Barmen.

111__Die Kaiserstraße

Eine Millionenstadt kann man sich auch vorstellen

Was der Eiffelturm für Paris, ist die Schwebebahn für Wuppertal. Sie steht als Symbol für die Stadt, und einmal wenigstens wollen die meisten Besucher Wuppertals mit ihr gefahren sein, selbst wenn es zum Erreichen eines Zieles gar nicht nötig ist. Sehr viel weniger Besucher denken aber daran, dass ein anderer, sehr überraschender Eindruck von Wuppertal durch die Schwebebahn ebenfalls möglich ist. In der Kaiserstraße gibt sich Wuppertal auf einigen 100 Metern als Teil einer Millionenstadt.

Wo Städte in Gründerzeiten boomten und immer mehr Menschen auf engem Raum zusammenlebten, kollabierte der Straßenverkehr. Lösungen für die Massenverkehrsmittel wurden deshalb unabhängig von Straßen gesucht. Hochbahnen entstanden ebenso wie U-Bahnen. In Vohwinkel leben nun manche Familien in der dritten Generation mit der Schwebebahn, die in wenigen Metern Abstand seit der Freigabe der Teilstrecke im Mai 1901 vor den Wohnungsfenstern vorbeifährt.

Vor dem regulären Fahrbetrieb ließ es sich Kaiser Wilhelm II. im Oktober 1900 nicht nehmen, nach der Eröffnung der Barmer Ruhmeshalle das neue Verkehrsmittel auszuprobieren. Was am Bahnhof Vohwinkel, dem Ankunftsort, Anlass zu Feuerwerk und Vivat war, wie die örtliche Presse berichtete. Ihren Namen hatte die Straße aber schon im September 1888 erhalten zu Ehren des ersten Kaiser Wilhelm, der im März zuvor gestorben war.

Durch die Nähe von Massenverkehrsmittel und Wohnen entstehen Bilder, die aus Chicago oder New York bekannt sind, was sich der Regisseur Tom Tykwer für die Atmosphäre in seinem 1999 in die Kinos gekommenen Film »Der Krieger und die Kaiserin« zunutze machte. Die zentrale Szene des Anfangs spielt in der Kaiserstraße. Hier erleidet die von Franka Potente gespielte Krankenschwester einer Nervenheilanstalt jenen Unfall, der die Handlung vorantreibt. Manchmal machen sich Bilder einer Stadt ganz schön selbstständig.

Adresse Kaiserstraße, 42329 Wuppertal-Vohwinkel | **ÖPNV** S-Bahn und Regionalverkehr, Bahnhof Wuppertal-Vohwinkel, dann 10 Minuten Fußweg; Schwebebahn, Haltestelle Hammerstein | **Pkw** A 46, Ausfahrt Sonnborn/Vohwinkel abfahren, dann links abbiegen auf B 228/Kaiserstraße | **Tipp** Für besagte Fahrt mit der Schwebebahn lässt sich an den Bahnhöfen Vohwinkel, Bruch oder Hammerstein zusteigen.

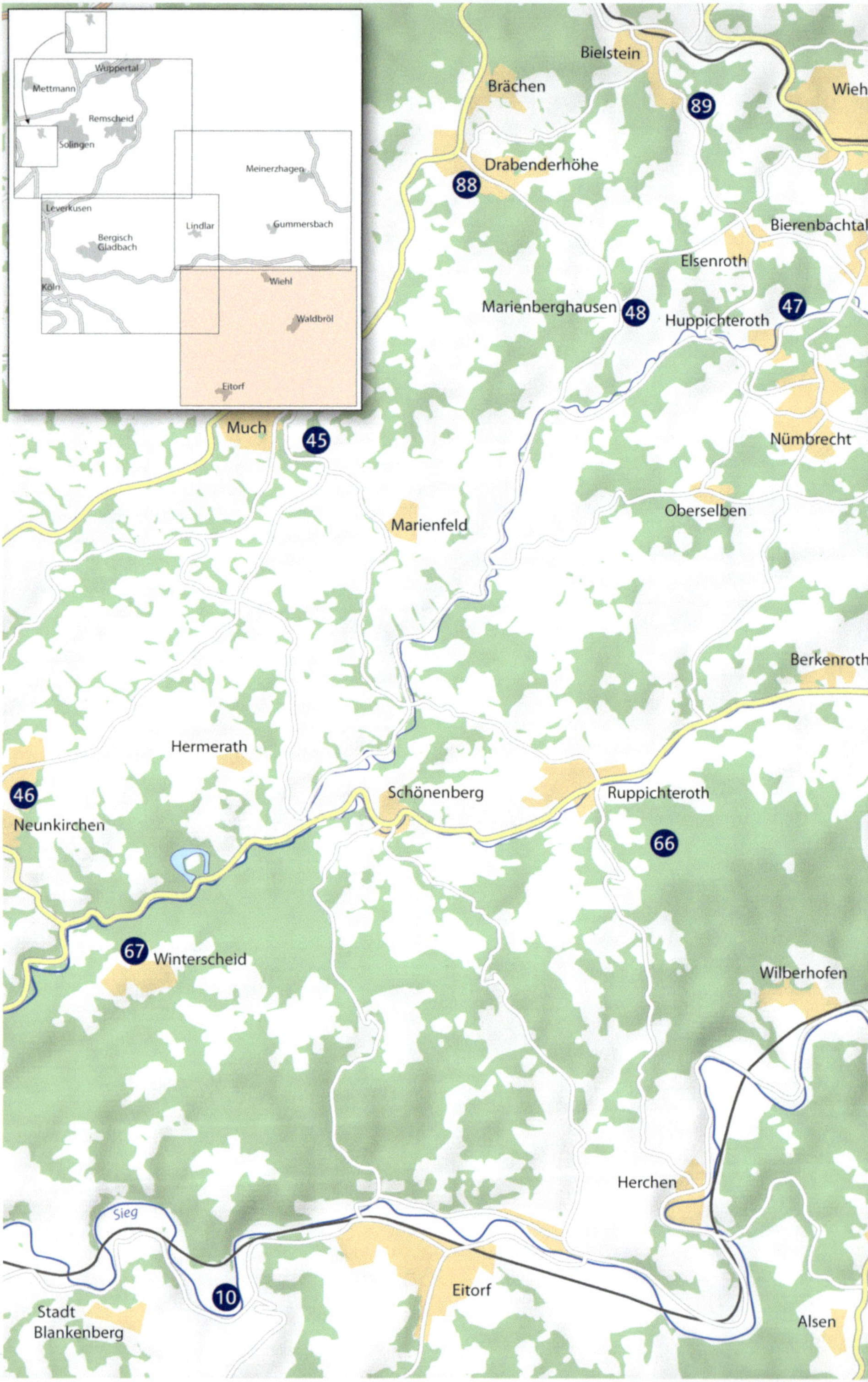

Mettmann
Wuppertal
Remscheid
Solingen
Meinerzhagen
Leverkusen
Lindlar
Gummersbach
Bergisch Gladbach
Köln
Wiehl
Waldbröl
Eitorf
Bielstein
Brächen
Wiehl
89
Drabenderhöhe
88
Bierenbachtal
Elsenroth
Marienberghausen
48
47
Huppichteroth
Much
45
Nümbrecht
Oberselben
Marienfeld
Berkenroth
Hermerath
Schönenberg
Ruppichteroth
46
Neunkirchen
66
67
Winterscheid
Wilberhofen
Herchen
Sieg
10
Eitorf
Stadt Blankenberg
Alsen

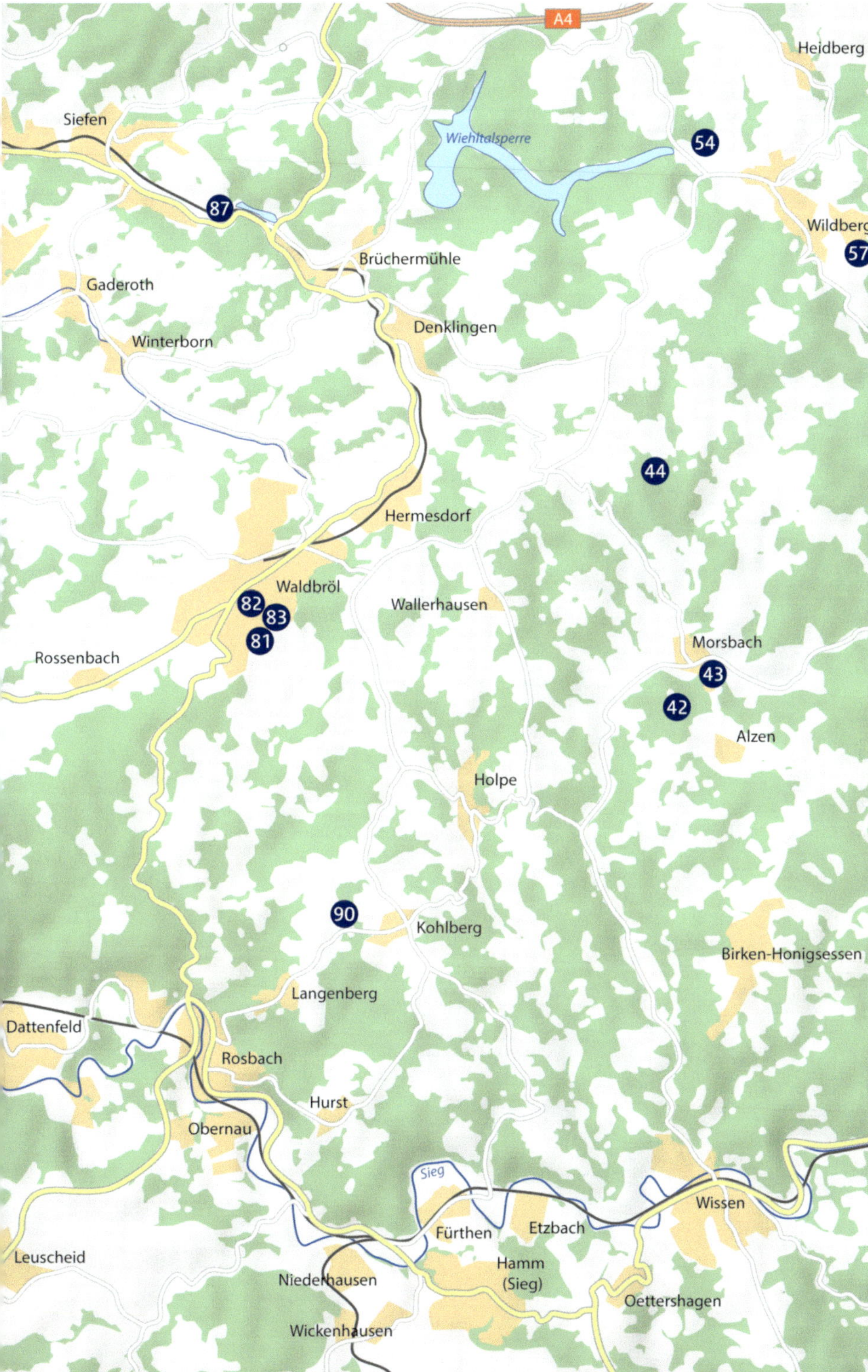
A4
Heidberg
Siefen
Wiehltalsperre
54
87
Wildberg
57
Brüchermühle
Gaderoth
Denklingen
Winterborn
44
Hermesdorf
Waldbröl
82
83
81
Wallerhausen
Rossenbach
Morsbach
43
42
Alzen
Holpe
90
Kohlberg
Birken-Honigsessen
Langenberg
Dattenfeld
Rosbach
Hurst
Obernau
Sieg
Wissen
Fürthen
Etzbach
Leuscheid
Hamm
(Sieg)
Niederhausen
Oettershagen
Wickenhausen

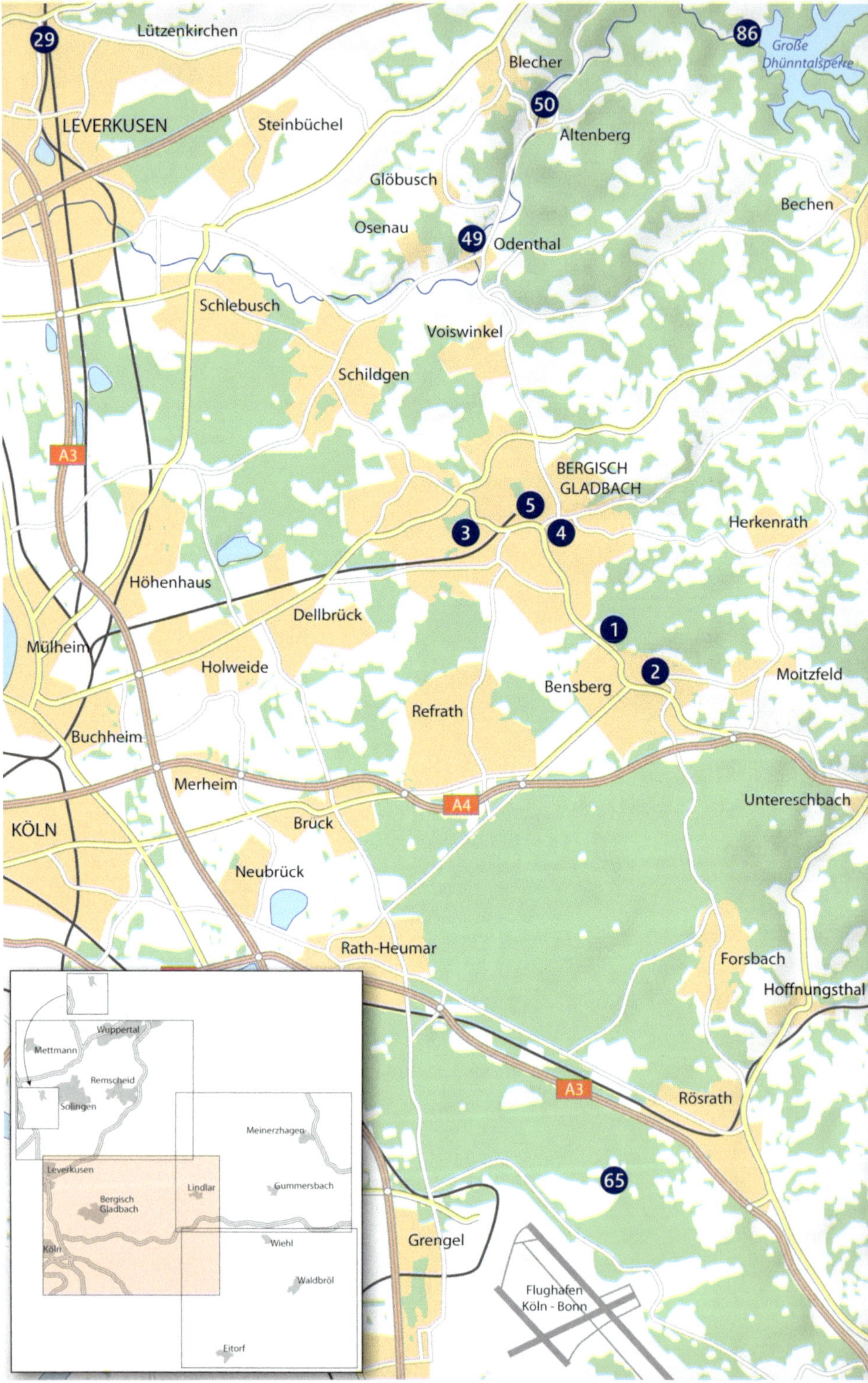
29
Lützenkirchen
86
Große Dhünntalsperre
Blecher
50
Altenberg
LEVERKUSEN
Steinbüchel
Glöbusch
Bechen
Osenau
49
Odenthal
Schlebusch
Voiswinkel
Schildgen
A3
BERGISCH GLADBACH
5
3
4
Herkenrath
Höhenhaus
Dellbrück
1
Mülheim
Holweide
2
Moitzfeld
Bensberg
Refrath
Buchheim
Merheim
A4
Untereschbach
KÖLN
Bruck
Neubrück
Rath-Heumar
Forsbach
Hoffnungsthal
A3
Rösrath
65
Grengel
Flughafen Köln - Bonn
Wuppertal
Mettmann
Remscheid
Solingen
Meinerzhagen
Leverkusen
Lindlar
Gummersbach
Bergisch Gladbach
Köln
Wiehl
Waldbröl
Eitorf

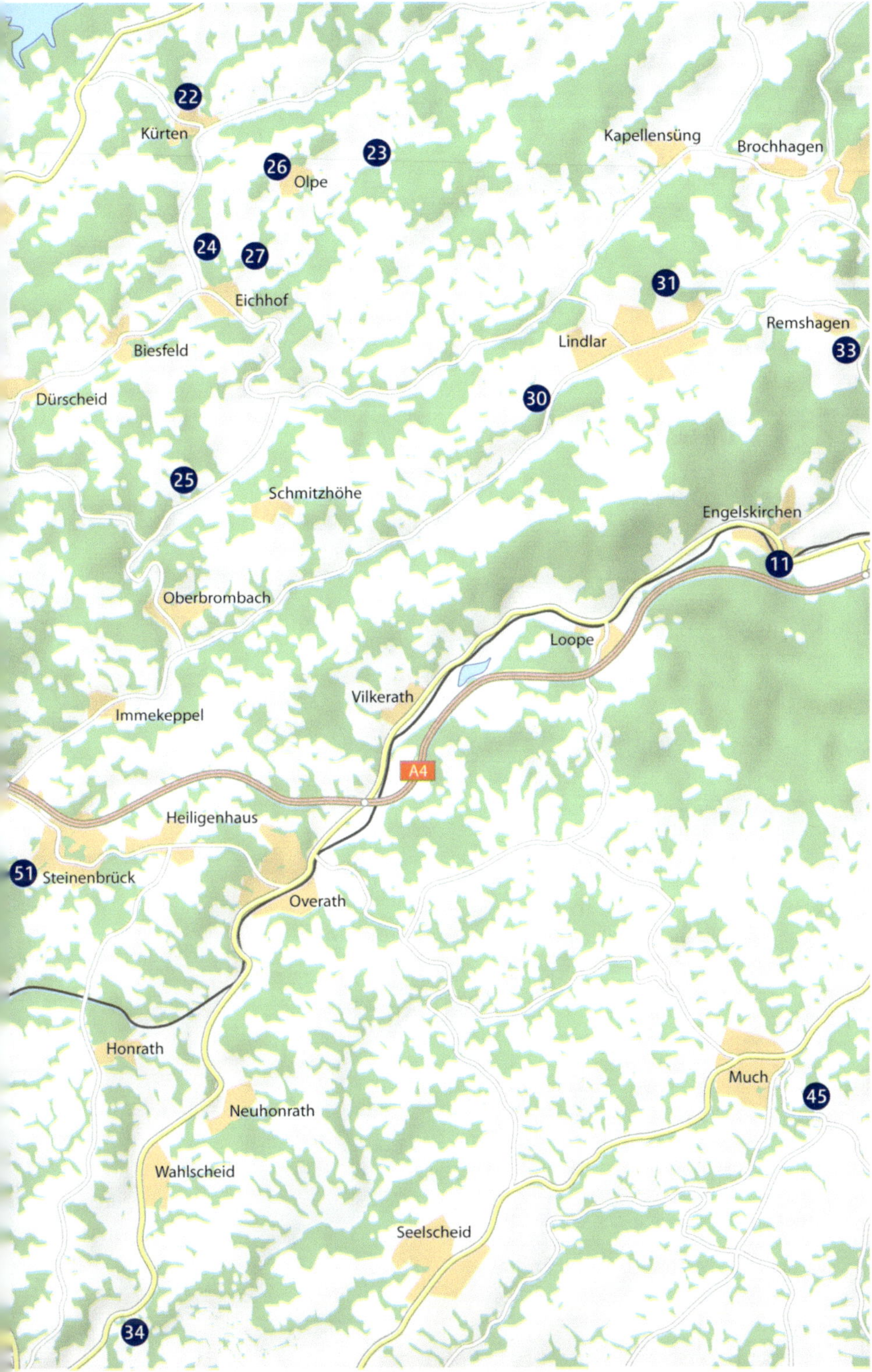
22
Kürten
26
Olpe
23
Kapellensüng
Brochhagen
24
27
Eichhof
31
Biesfeld
Lindlar
Remshagen
33
Dürscheid
30
25
Schmitzhöhe
Engelskirchen
11
Oberbrombach
Loope
Vilkerath
Immekeppel
A4
Heiligenhaus
51
Steinenbrück
Overath
Honrath
Much
45
Neuhonrath
Wahlscheid
Seelscheid
34

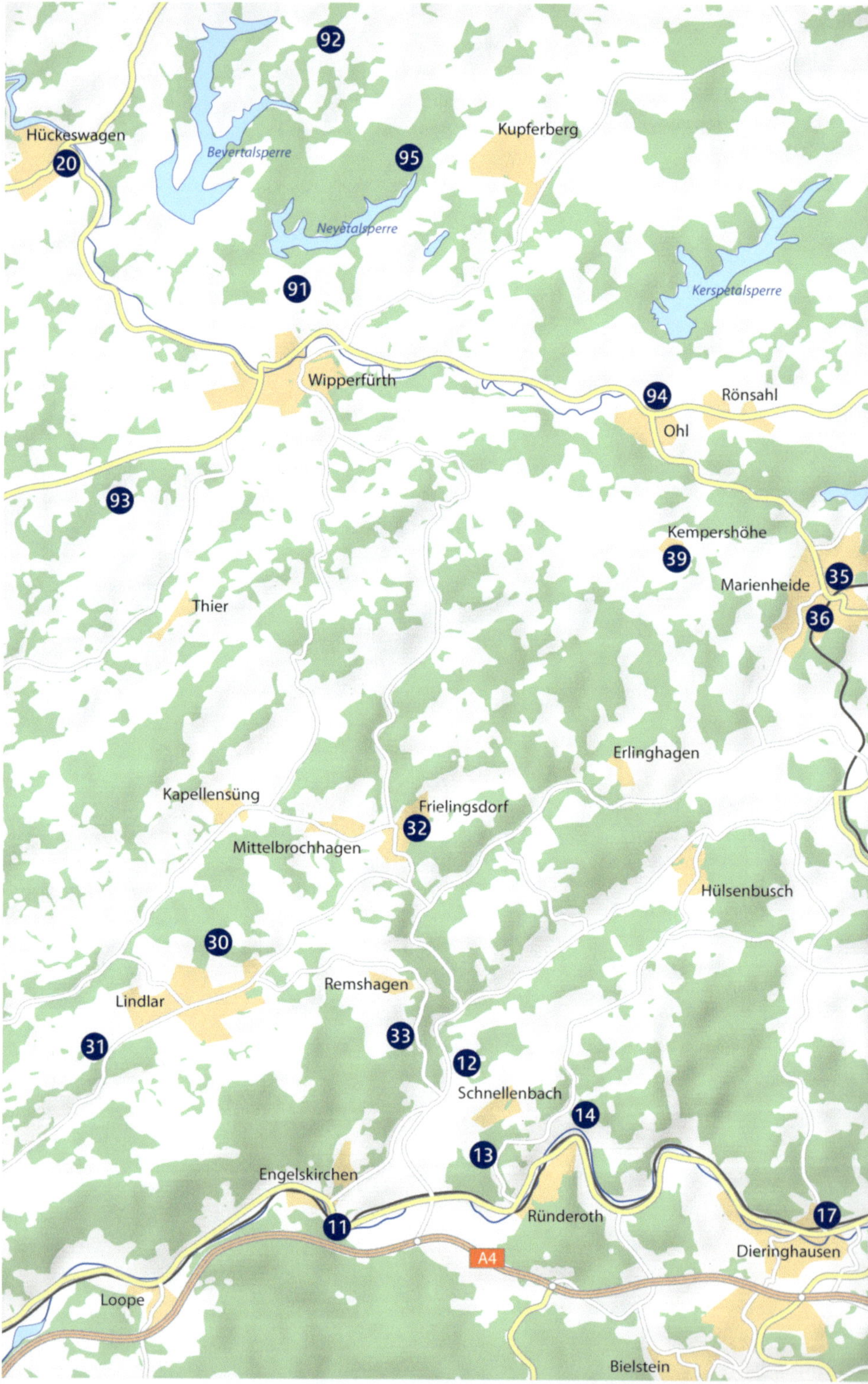
92
Hückeswagen
20
Bevertalsperre
95
Kupferberg
Neyetalsperre
91
Kerspetalsperre
Wipperfürth
94
Rönsahl
Ohl
93
Kempershöhe
39
35
Marienheide
36
Thier
Erlinghagen
Kapellensüng
Frielingsdorf
32
Mittelbrochhagen
Hülsenbusch
30
Remshagen
Lindlar
33
31
12
Schnellenbach
14
13
Engelskirchen
11
Ründeroth
17
Dieringhausen
A4
Loope
Bielstein

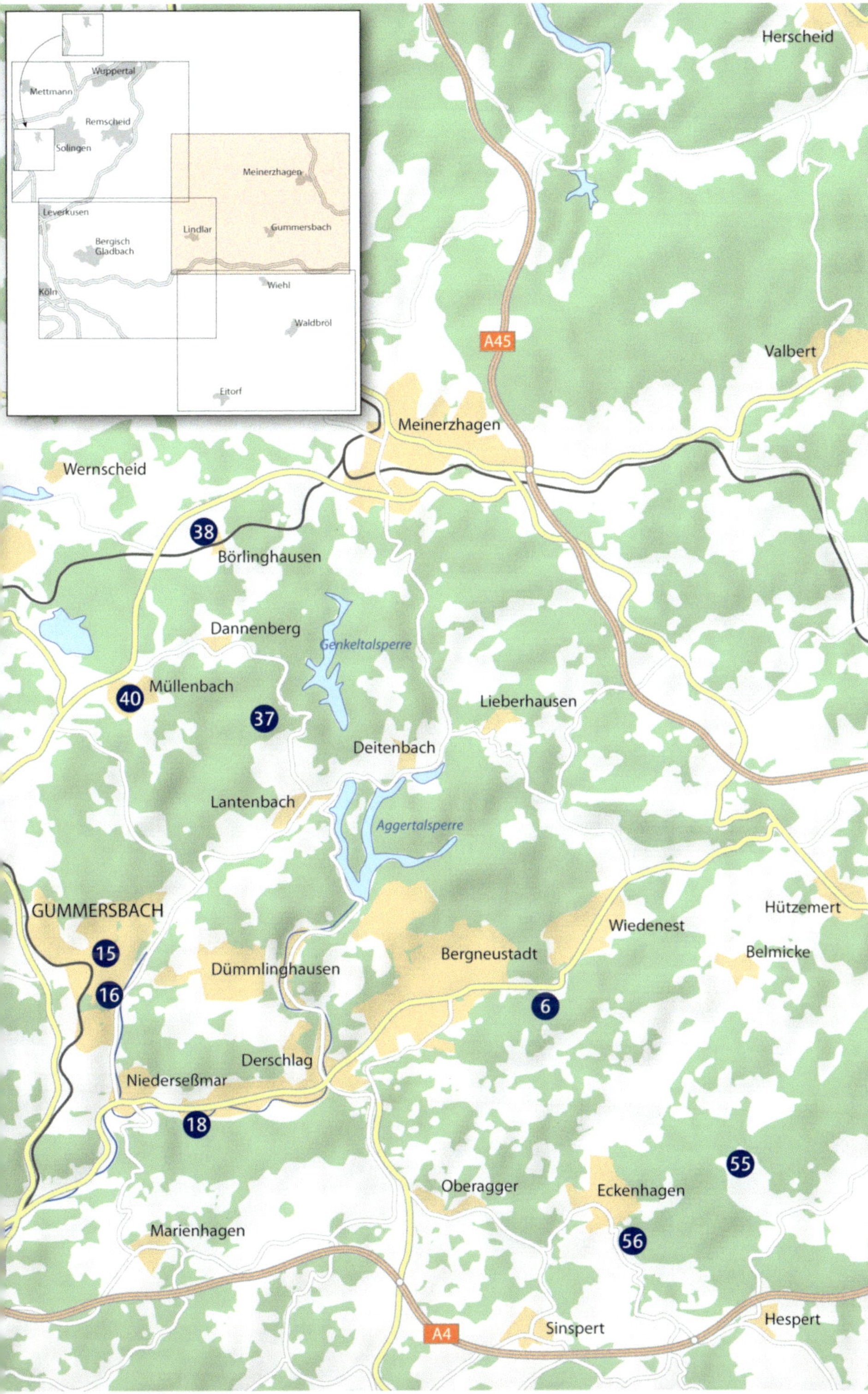
Wuppertal
Mettmann
Remscheid
Solingen
Meinerzhagen
Leverkusen
Lindlar
Gummersbach
Bergisch Gladbach
Köln
Wiehl
Waldbröl
Eitorf
Herscheid
A45
Valbert
Meinerzhagen
Wernscheid
38
Börlinghausen
Dannenberg
Genkeltalsperre
40
Müllenbach
37
Lieberhausen
Deitenbach
Lantenbach
Aggertalsperre
GUMMERSBACH
15
16
Dümmlinghausen
Bergneustadt
Wiedenest
Hützemert
Belmicke
6
Derschlag
Niederseßmar
18
55
Oberagger
Eckenhagen
56
Marienhagen
A4
Sinspert
Hespert

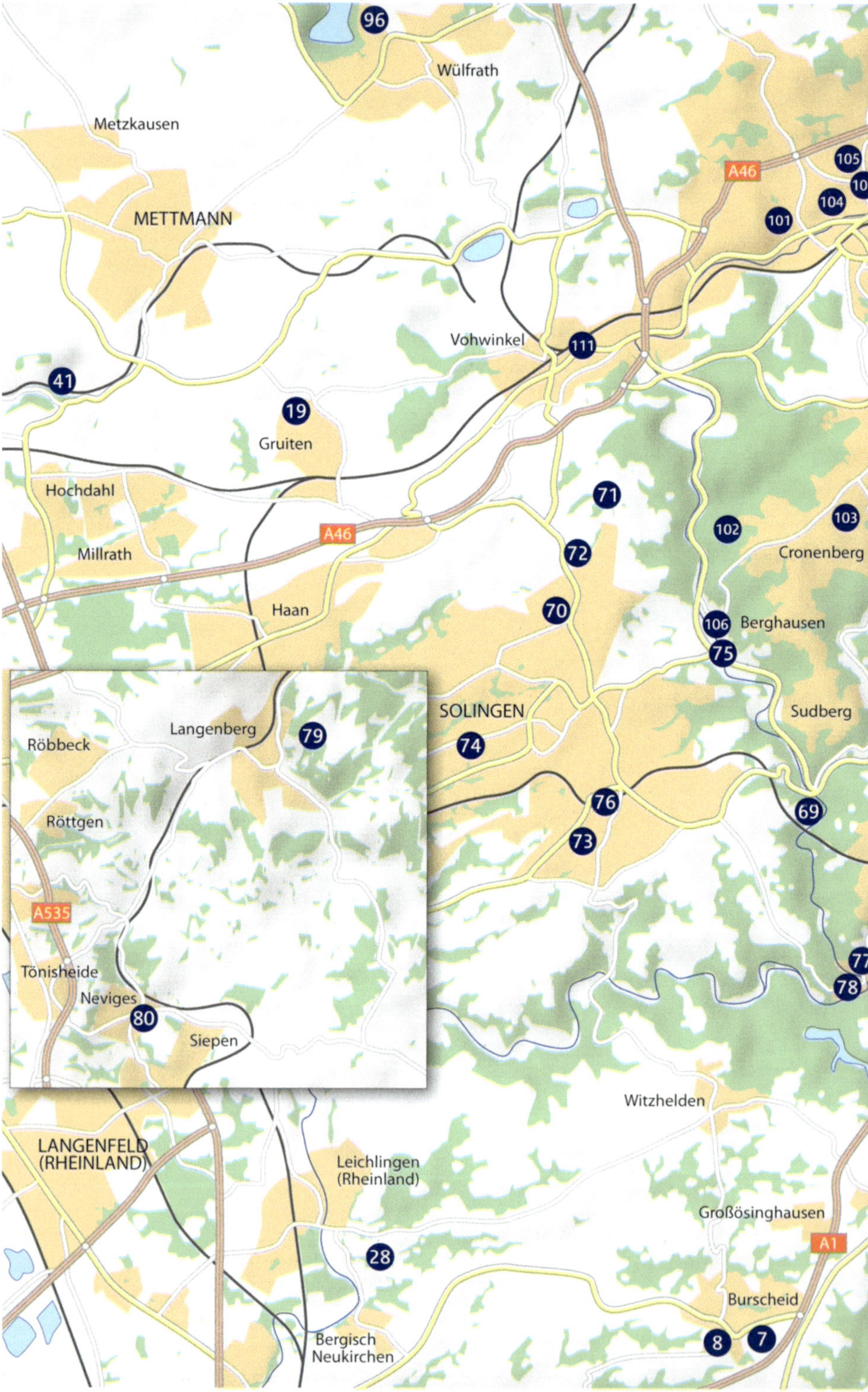

96
Wülfrath
Metzkausen
METTMANN
A46
105
107
104
101
Vohwinkel
111
41
19
Gruiten
Hochdahl
71
A46
102
103
Cronenberg
72
Millrath
70
Haan
106
Berghausen
75
SOLINGEN
Sudberg
Langenberg
79
Röbbeck
74
76
69
Röttgen
73
A535
77
Tönisheide
78
Neviges
80
Siepen
Witzhelden
LANGENFELD (RHEINLAND)
Leichlingen (Rheinland)
Großösinghausen
A1
28
Burscheid
8
7
Bergisch Neukirchen

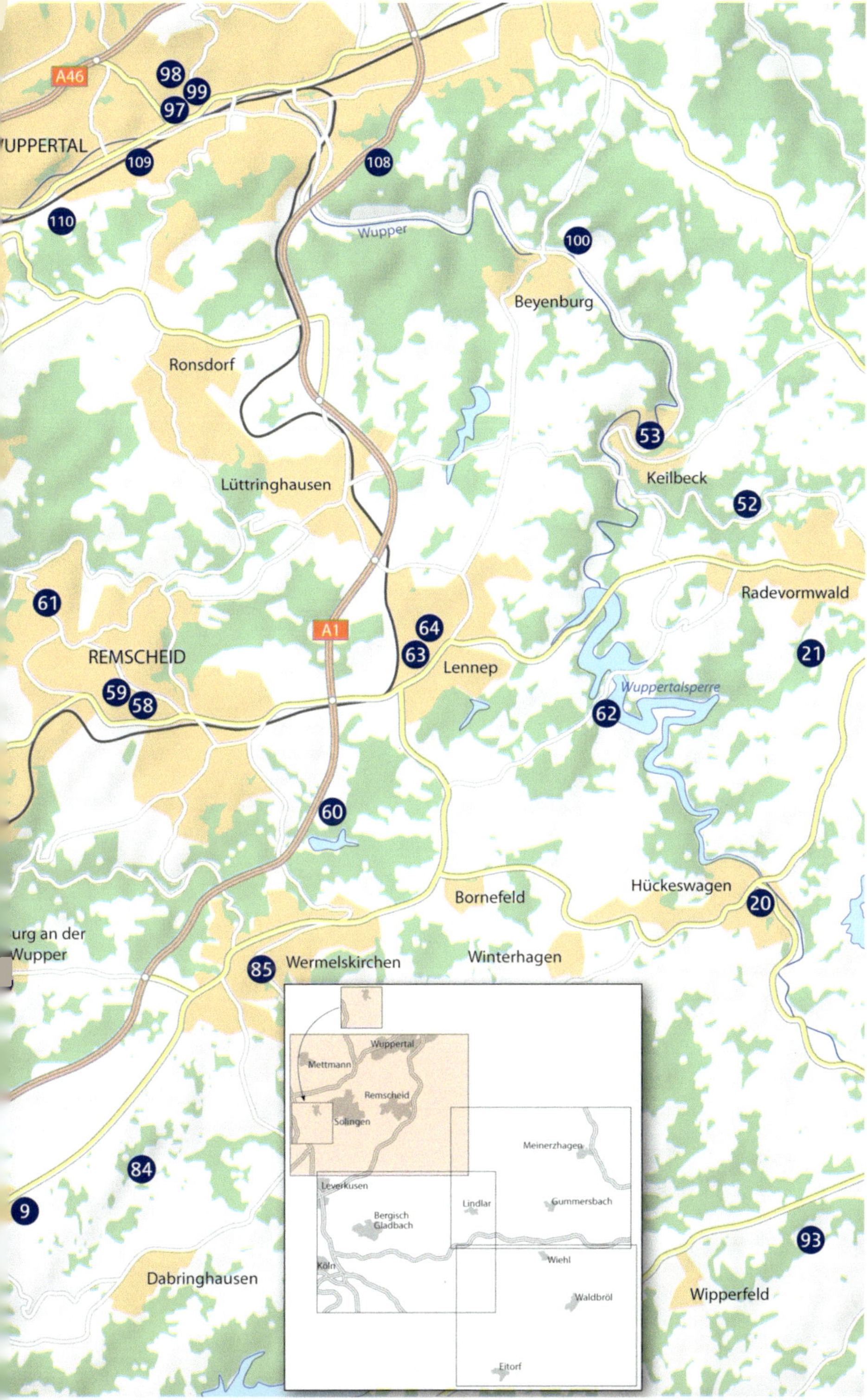

A46
98
99
97
UPPERTAL
109
108
110
Wupper
100
Beyenburg
Ronsdorf
53
Keilbeck
Lüttringhausen
52
Radevormwald
61
A1
64
63
REMSCHEID
Lennep
21
Wuppertalsperre
59
58
62
60
Bornefeld
Hückeswagen
20
urg an der
Wupper
85
Wermelskirchen
Winterhagen
Wuppertal
Mettmann
Remscheid
Solingen
Meinerzhagen
Leverkusen
Lindlar
Gummersbach
Bergisch
Gladbach
Köln
Wiehl
Waldbröl
Eitorf
84
9
93
Dabringhausen
Wipperfeld

Ohne Hilfe, Hinweise und Gespräche hätte dieses Buch so nicht geschrieben werden können. Den Verantwortlichen in den im Buch erwähnten Städten, Gemeinden und Institutionen gilt unser Dank. Besonders möchten sich die Autoren bedanken bei Christoph Buchen, Albert Eßer, Ulrich Christian Horz, Ulrich Runkel, Ulrike Schmidt-Kessler und Anita Waier-Breidenbach.

Die Autoren

Ralf Koss, Jahrgang 1961, schrieb unter anderem für DIE ZEIT, Spiegel Special, Handelsblatt und Süddeutsche Zeitung. Heute arbeitet er als freier Autor. Als Kees Jaratz schreibt er über Fußball und die Kultur des Ruhrgebiets im »Zebrastreifenblog«. Seinen langjährigen Wohnort Köln und das Ruhrgebiet betrachtet er als zwei benachbarte Viertel einer imaginären Heimatstadt. Von dort aus führen ihn viele Ausflüge regelmäßig ins Bergische Land.

Stefanie Kuhne, geboren 1975 in Essen, ist in den Ausläufern des Bergischen Landes aufgewachsen. Nach dem Studium der Kunstgeschichte, Politik und Philosophie folgten unter anderem Stationen im Verlagswesen und im politischen Umfeld. Bis zu ihrem Tod 2021 arbeitete Stefanie Kuhne als freie Autorin. Sie lebte in Köln und fühlte sich bei aller Stadtliebe den grünen Hügeln des Bergischen Landes eng verbunden.

Im Emons-Verlag erschienen auch
Ralf Koss/Stefanie Kuhne: 111 Orte im Ruhrgebiet, die uns Geschichte erzählen
Ralf Koss: 111 Orte in Dortmund, die man gesehen haben muss